JN318239

頭のいいゴルファーの習慣

金谷多一郎
Taichiro KANATANI

JIPPI Compact

実業之日本社

はじめに

日本のゴルフ人口の頂点は1990年代で、国民の約1割がゴルファーだったといわれています。その後、バブル経済の崩壊でゴルフ界は紆余曲折を余儀なくされました。しかし、そのおかげでゴルフにまつわる虚飾や贅肉はそぎ落とされ、スポーツとしての真の姿に少しずつ成長してきているように思います。

一般ゴルファーのプレーも、道具の飛躍的な進歩やゴルフ場のプレースタイルの多様化などにより、格段に幅が広がってきています。ゴルフにまつわる科学的研究も進み、いろいろな分野においてゴルフが分析されるようにもなりました。

こうした環境の変化のなか、スコアやショットの成功率だけがゴルフを楽しむバロメーターと考えるのは、じつにもったいないことです。ゴルフの上達はままならないものですが、もっと自分自身でゴルフを楽しむためにゴルフの知識や知恵をたくさん身につけ、それをゴルフ以外の生活のなかで活用し、習慣づけていく満足感を見出すことが大切だと考えています。

本書はゴルファーのみなさんに「こんなふうにしてみたら?」「こんなこともありますよ!」と、多角的な視点から見たゴルフに関するさまざまなヒントを語りかけるつもりで書かせていただきました。

決して押しつけのレッスンではなく、みなさんのゴルフスタイルに知識や情報を少し上乗せするだけで、今よりもっとゴルフに興味がわき、楽しくなるような読み物にしたかったので、ゴルフにまつわるさまざまな情報や話題を詰め込んでいます。ゴルフ力が向上するためのスイングに対する理解や練習の方法、上手に楽しくラウンドするためのアイデアやコースマネジメント、道具やゴルフ用品に関しての情報など、どれも知識としてもっていることで満足感に浸れる。こんな点にポイントを置いています。

本書で紹介した知識や情報が頭の片隅に少しでも残っていれば、場所や時間を問わず、ゴルフにとって有効な動作や思考にふと気づくこともあると思います。

そして、それが習慣づけられれば、自然に上達に導かれていくのではないかと考えています。

今まで以上に頭で理解し納得することで、さまざまな形でゴルフと関わりたくなったり、前向きに練習やラウンドをする意欲がわいてもらえれば幸いです。ゴルフに対するワクワク感が生まれるなかで、自分自身のゴルフの目的を見つけ出し、それを達成するための真実に出会い、習慣づけながら体得していくことで、心の底からゴルフを楽しむ。こんな姿勢がゴルフと有意義に、末永く接していくためにとても重要だと思います。

冒頭から順序よく読むことは、一切考えなくてけっこうです。気になる項目だけ拾っていただいてもかまいません。ゴルフの奥深い醍醐味の一端を本書でお伝えすることができたら、本当にプロ冥利に尽きるところです。

金谷多一郎

頭のいいゴルファーの習慣　CONTENTS

CHAPTER 1
自分のカラダの仕組みと特徴を知ればスイングは自然によくなる

CHAPTER 2

準備すれば結果はついてくる。スコアはその積み重ね。功を急ぐのは遠まわり

CHAPTER 3

道具をよく知ること。等身大の自分をあてはめればかならず答えを出してくれる

装丁・本文デザイン 鈴木事務所
装丁イラスト 北沢夕芸
編集協力 竹内志津子

CHAPTER

1

自分のカラダの仕組みと特徴を知ればスイングは自然によくなる

姿勢を意識する大切さ

ゴルフの素晴らしさをもっと感じて楽しむためには「姿勢」を考えてみよう

ゴルフには素晴らしいことがたくさんあるのですが、そのひとつに生涯続けることができるスポーツだということがあります。そして、ゴルフは経験を重ねるほど楽しめるようになります。というのも、ゴルフは深く付き合えば付き合うほど、生きていることの価値や人間関係、自然の素晴らしさ、そしてゴルフ自体の深い魅力に気がつくようになるからです。私自身も未だに新しい発見が続いています。

先日も、ふとしたことから「姿勢」の意味を改めて考えました。

正しいアドレス、つまりボールを打つ姿勢ができれば、ナイスショットの確率は高くなります。しかし、人間はロボットではないので、そう理論どおりにはいかないもの。そこで思い出されるのが、全米で初めてティーチングプロになった伝説のコーチ、ハーヴィー・ペニックさんの言葉です。

「死ぬ気で目標を定めて狙いなさい」

これは彼がもっとも大切にしていた言葉です。ゴルフの1打は、生涯で二度とない状況でのショットです。ですから、その瞬間、目の前のボールを打つことが人生最後のショットだ、というくらいの気持ちで目標を狙って打たなければならないということです。

狙いを定めてそこに打とうとする以外、なにも考えてはいけません。フェアウェイやグリーンの一点に目標を定めたら、否定的な考えはすべて頭の中から追い出し、打球が目標に飛んでいくことをだけを念じて振り抜くこと。それができれば、スイングは完璧でなくてもきっと筋肉がボールを目標に運んでくれるはずです。青木功さんは、「もっとカラダに締めを入れろ。インパクトでエィ！　って振り切る気持ちがないとだめだ」といつもいわれます。アドレスには正しい形も重要ですが、気持ちを込める「姿勢」も重要なのです。

しかし、スイングは完璧でなくてもいい、といわれても、「はい、そうですか」とは納得しないのがゴルファーです。

そこで、おすすめしたいのが、「究極の我流スイング」を会得するドリルです。まずは、鏡を見ながらスローモーションで、自分なりの理想的なスイングをします。太極拳のように、ゆっくり、ゆっくり繰り返します。動きが固まってきたら、今度はボールがあるつもりでスイングします。これもゆっくり。クラブの遠心力や慣性を感じないように、ゆっくりと自分の理想的なスイングを数十回繰り返してカラダに浸み込ませます。

このドリルが効果的だと私が気づいたのは、クラブ開発やメディア取材で、いろいろなスペックのクラブを打ち分けていたときでした。シャフトのスペックはレディス用からパワーアスリート用まで7種類前後があります。それぞれに重さや硬さ、キックポイントやトルクが違うので、それに合わせてヘッドスピードも30メートル／秒前半から50メートル／秒近くまで振り分けてテストしなければいけません。そんな動きをしていたとき、自分のスイングがいつもより緻密で繊細に研ぎ澄まされていくのを感じたのです。

ヘッドスピードを変え、それに合った動きを意識することが、かえって自分自身のフルスイング作りと安定したスイングにおおいに役立つことを私は感じました。ぜひみなさんもこのドリルを体感してみてください。

自分なりの心地よいスイング（これが究極の我流スイング）をドリルで作りながら、コースを訪れている間は心からその時間を楽しむという「姿勢」、そしてボールに魂を込めて目標へ運ぶアドレスの「姿勢」、このふたつの姿勢を意識すれば、もっともっとゴルフの素晴らしさを感じながら、人生のひとときを過ごすことができると思います。

アドレスの基本を見直そう

インパクトで上半身と腕が遠心力で引っぱられた状態をアドレスで作っておく

では、アドレスの姿勢について具体的にお話ししていきましょう。

「ゴルフで一番大事なのはアドレス」——さまざまなレッスン書でよく見かけるフレーズですが、私も同感です。ミスショットのほとんどが、まちがったアドレスによるもの、といっても過言ではないでしょう。そのため、スイングチェックよりも、アドレスチェックを大切にしているプロは少なくありません。

では、みなさんがチェックする場合のポイントはどこにあるでしょう?

最初に考えてもらいたいのが「アドレスはインパクトの再現」ということです。その言葉どおり、アドレスはインパクトの状態を意識して作らなければならいけないのです。ただし、ここでカン違いしてほしくないのは、インパクトするときに無理矢理アドレスの形に戻すという意味ではないということ。あくまで、自然に作られるインパクトの形にアドレスをするということです。

さらに、頭に入れておきたいのが、インパクト時は上半身も腕も遠心力によって引っぱられるということです。つまり、

引っぱられた状態をアドレスで作っておく

必要があるのです。具体的なチェックポイントは次の3点です。

1 **手首の角度** インパクトをイメージして腕を真っすぐ伸ばし、その位置でクラブを握ると、腕とシャフトは一直線にはならず、手首に一定の角度がつきます。これはスイングしても変わらない自然な角度なので、アドレスでは、番手にかかわらずこの角度が崩れないようにします。

2　背中の形

インパクトで上半身と腕が遠心力によって引っぱられると、肩甲骨は背骨から離れるように開くので、背中の上半分がまるまった状態になります。あお向けに寝転び、背骨を床につけたまま、両肩が浮くまで腕を真上に突き出すと、同じような形を体感できるでしょう。アドレスでは「胸を張れ」「背筋を真っすぐに」というアドバイスもありますが、それだと左右の肩甲骨が背骨側に寄った閉じた状態になり、インパクトの再現にはなりません。

3　カラダとボールとの距離

これに関しては、ほとんどのアマチュアが無頓着で、よくあるのが間合いが近すぎること。とくにドライバーなど長いクラブは、カラダとボールの距離が離れると「当たらないのではないか」と不安になるため、近づいて構えてしまう傾向にあります。しかし、ボールとの間合いが近すぎるとインパクトで詰まってしまい、カラダが伸び上がったり、腕が曲がったりしてしまいます。

また、せっかくチェックしてもそれがまちがっているという残念なケースも見受けられます。たとえば「カラダとグリップとの間隔を握りこぶしひとつ分あける」といわれますが、これをすべてのクラブに当てはめると無理が生じます。

では、どうすれば正しいカラダとボールとの距離を作ることができるのか？ 簡単です。1と2を正しく再現し、その形をキープしたまま、自然に骨盤を傾けてヘッドを地面に下ろします（ドライバーはボールの高さに下ろす）。このときの間合いこそが、正しいカラダとボールとの距離。全番手同じように試してみると、すべて同じ間合いではないことがわかるはずです。ドライバーは手元がカラダから離れ、ショートアイアンは手元がカラダに近づきます。また、同じ番手でも、ツマ先上がりは手元が離れ、ツマ先下がりは手元が近づきます。クラブの長さや状況が違うので当然です。

逆に、長さや状況が異なるのにカラダと手元との距離がつねに一定、という場合はハンドダウンになりすぎているか、ハンドアップになりすぎている証拠なので修正しましょう。もちろん、人によって身長、骨格、筋肉の付き具合、柔軟性などが異なるので、見た目は一様ではありません。

正しいスイングは正しいアドレスに宿ります。最近、当たらない、曲がると思ったら、まずはアドレスの形を疑ってみてください。

本当のスクエアグリップとは?

グリップは左手が最重要。フェースがスクエアに戻る角度に握れば真っすぐ飛ばせる

ボールを真っすぐ、遠くへ飛ばすために、正しいグリップが重要であることは、ほとんどのゴルファーが理解しているはずです。でも、グリップのことを最優先に考えている人は意外と少ないのではないでしょうか? 事実、私が見るかぎり、アマチュアで本当に注意深く、正確にグリップしようと心がけている人は多くはいません。

では、正しいグリップとはなにか？

ストロンググリップ、ウイークグリップなどもありますが、基本はやはり「スクエアグリップ」です。では、そもそも〝スクエア〟とはどういうことなのでしょうか？

両手のひらが向かい合うように握るのがスクエアだという人もいれば、ドライバーヘッドの大型化にともない、左手甲がやや上を向いたストロング気味に握る（ヘッドが大きいぶん振り遅れやすいのでその対処法として）のがスクエアだという人もいます。また、レッスン書やスクールのテキストには、左手甲のナックルがふたつ見えるくらいがスクエアだと書かれていることもあります。

しかし、体型、骨格、関節の状態などにより握り方には個人差があるので、万人に共通するスクエアグリップは存在しない、というのが私の考えです。100人いれば100通りのスクエアグリップがあるということです。

だとすれば、本当の意味でのスクエアグリップとはなにか。それは、

スイング時にインパクトで自然にフェースがスクエアに戻ってくる握り方

ということです。

最大のポイントは左手の角度です。まず、右手でフェースをスクエアに合わせ、スタンスをとります。そして、アドレスでの前傾姿勢を保ったまま左腕を脱力。ダラーンと垂らしてください。このときの、左手の位置、ヒジの向き、甲の角度をキープしたまま、右手でクラブを左手にあてがいます。最後に、右手を握手するような感じで自然に握れば、各自のスクエアグリップの完成！

これは、個々の骨格や関節に合ったグリップなので、普通にスイングすれば、自然にインパクトでフェースがスクエアになる確率が高まります。反対に、これを無視して必要以上にストロングに握ったり、無理に左手甲を目標方向に向けて握ったりすると、スイング時に必ずズレが生じます。

グリップ時の左手の角度は、プロや上級者ほど気を使っています。たとえば片山晋呉選手は、アドレスに入るとき、お腹の前でシャフトが地面と平行になるように右手でクラブを持ち、最初に左手がしっくり収まる位置を慎重に決めます。そして、一旦決めたあとは、スイングが終わるまで指先さえも動かしません。多くの欧米選手も、アドレスに入る前、ボールの後方からルーティンに入るときに左手のグリップを決めてしまい、打ち終わるまで左手は握り変えません。プロたちが左手のグリップにこだわるのは、それだけ左手の握る角度とフェースの向きが密接な関係にある証拠です。

角度とともに、もうひとつ意識してほしいのは、左手の位置です。

先ほど、左手をダラーンと垂らす、といいましたが、前傾して垂らしたときの左手の位置がもっとも自然にボールを叩けるポジションとなります。人によっては左モモの外側や、へその正面になることもあるかもしれませんが、他人と違っていてもまったく気にすることはありません。位置も人それぞれです。

みなさんも、他人の言葉やセオリーに惑わされることなく、自分自身のスクエアグリップを確認してみてください。それが見つかれば、あとは思い切り振り抜くだけです。

今までよりも格段にミート率はよくなり、飛距離も伸びるはずです。

正しいボールの位置を再確認

ボール位置は人によって“正解”が異なるのでプロをまねても無駄

アマチュアに「ドライバーショットのとき、ボールはどこに置きますか?」という質問をすると、100%に近い確率で、「左足カカト線上」という答えが返ってきます。しかし、本当に正しい位置は、

左足カカト線上ではなく「左ワキの前方」

です。なぜなら、シャフトをほぼ真っすぐに構えるドライバーの場合、左腕とシ

ャフトが一直線になる左ワキの前方がヘッド軌道の最下点になるからです。

では、なぜ左足カカト線上が定説になったのか？　それは、平均的な体格の人がフルスイングしやすいように構えると（スタンス幅は肩幅よりも少し広め）、左ワキの前方と左足カカト線上がほぼ一致するからです。

また、アドレス時に頭はカラダの中央にあるので、左ワキの前方が基準だと正しくセットされているか確認しづらいこともあげられます。つまり、位置がほとんど一緒で、なおかつプレーヤー自身が確認しやすいという理由で、左足カカト線上が定説になったわけです。

しかし実際は、骨格や体力などによりスタンス幅は千差万別なので、全員が左ワキの前方と左足カカト線上が一致するわけではありません。たとえば私のスタンス幅は、肩幅よりも少し広め（左右の足の中指の間隔が55センチ）と標準的なので、両者はほぼ一致します。ですから、左足カカト線上にボールの左端を合わせるようにしています。でも、スタンス幅が広い場合は、左ワキの前方の位置は左足カカト線上よりもかなり内側になるはずです。

自分のスタンス幅と左ワキの前方、左足カカト線上の位置関係がどうなっているかを確認してみましょう。もちろん左ワキの前方と位置が一致しているなら、左足カカト線上を基準にしてもＯＫですが、その場合は、スタンス幅をつねに一定にすることが大切なポイントです。打つたびにスタンス幅が変わると、ボール位置とスイング軸との距離も変わってしまうため、インパクトの打点が毎回ずれてしまうからです。

このようにボール位置とスタンス幅をつねに一定にするのが、もっともシンプルな方法です。これを覚えれば、スイングをいじるよりもナイスショットの確率はずっと高くなるでしょう。

次に、番手によってスタンス幅を変えるか否かについてです。

アイアンのソールには微妙に角度（バンス角）があり、ソールを地面につけるとシャフトが目標方向に傾きます。この角度をプル角といいます。プル角は、番手が小さくなるほど（シャフトが短くなるほど）大きくなるため、ボール位置はそれにともないスイング軸に近づける必要があります。言い方をかえると、番手が小さくなるほど、ハンドファーストの度合いが強くなるということです。

では、番手によって異なるスイング軸とボールとの距離を正しくセットするためにはどうすればいいか？　その方法はふたつあります。

ひとつは、左ワキの前方のボール位置は変えずに、番手が小さくなるほどスタンスの幅を狭くする方法です。スタンスの幅が狭くなれば当然スイング軸がボールに近づくので、番手なりの機能を発揮させることが可能です。

ふたつめは、番手によってスタンス幅を変えずに、ボール位置を変えていく方法です。スタンス幅を一定にすれば、スイング軸も固定されますので、番手が小さくなるほどボールを右に置けば、自然にボールがスイング軸に近づきます。

基本的にはどちらかを自分のスタンダードにすればよいのですが、ゴルフ場には平らな場所はほぼないので、計算どおりにいかないこともあります。どちらを選ぶにせよ、いろいろな傾斜やライにも対処できるように、両方の練習を積んでおくことが最良です。

ナイスショットのタイミング

「チャーシューメン」ではなくゴルフスイングは「チャー・シュー・ウ・メン」

スイングの良し悪しを語るうえで欠かせないのが、スイングの「タイミング」。ナイスショットは、カラダとクラブの動きのタイミングが合ったときに生まれます。ただし、タイミングという言葉は抽象的なので、具体的にどうすればタイミングが合うかを頭で理解している人は少ないかもしれません。

まず、タイミングを理解するためには、「リズム」と「テンポ」の意味を知っておく必要があります。

リズムとは一定の拍子のことで、2拍子なら「イチ、ニ、イチ、ニ」と繰り返されます。一方、テンポとは拍子の速さのことです。同じ2拍子でもテンポが速ければ同じ時間に繰り返される「イチ、ニ」の数が多くなるわけです。

さて、ここからがゴルフの話。二足歩行をする人間は、歩くことをはじめ、カラダのほとんどの動きを2拍子で行っています。ゴルフのスイングも、「イチ」でテークバック、「ニ」でダウンスイングというように、2拍子でカラダを動かしています。しかし、クラブはカラダと同じリズムでは動きません。

クラブヘッドの動きをある科学者が分析したところ、テークバックが3に対して、ダウンスイングが1という時間の割合になっていることがわかりました。つまり、「イチ、ニ」の2拍子でカラダを動かすと、

「イチ、ニ、サン」でテークバックし、「シッ」でインパクトを迎える4拍子でクラブヘッドが動くのが正しいタイミングということになります。

ですから、昔からリズムを表現するときによく使う「チャーシューメン」は、

「チャー・シュー・ウ・メン」という4拍子であれば理に適っているわけです。

また、テンポ（速度）が速ければ、それだけダウンスイングが速くなり、ヘッドスピードも上がります。つまり、飛距離を出したいと思ったら、クラブを振るテンポを上げればいいわけです。

テンポを上げるには、ふたつの方法があります。ひとつは体力をつけること。もうひとつはクラブを軽くすることです。

もちろん、手っ取り早く実現できるのは後者ですが、注意点もあります。アマチュアの多くは、せっかくクラブを軽くしても、リズムを崩さずにスイングしようと思うためか、いつものテンポで振ってしまいがちです。これではクラブが軽くなったぶん、かえって飛距離が落ちてしまいます。

リズムを変えずテンポだけを上げるのがうまくいかない人は、むしろテンポはそのままにして、クラブを重くしたり、長くしたりすることでヘッドスピードを上げるほうがいい、ということも知っておいてください。

ではここで問題です。ドライバーとウエッジでは、スイング始動からフィニッシュまでの所要時間にどれほどの差があると思いますか?

答えは、「同じ」です。プロのスイング時間(始動からフィニッシュまで)は約1・5秒、アマチュアは約2秒といわれています。

じつはプロの場合、どんなクラブでもこの時間は変わりません。「ドライバーのほうがヘッドスピードが速いのに?」と思う人が多いでしょうが、スイングの連続写真を見ると、プロはアドレスからフィニッシュまで、どのクラブでも同じコマ数になります。それどころか、始動からインパクトまでのコマ数も変わりません。それは、

どのクラブを手にしても同じ時間(テンポ)、同じタイミングでスイングしているからです。

一方、アマチュアはというと、アイアンよりドライバーのコマ数が多いのが一般的。つまり、クラブが長いほどスイングの所要時間が長く、クラブによってスイング時間がまちまちということになります。

番手よってスイング時間が異なるということは、その都度テンポを変えてスイン

グしているということです。それでは、再現性も低く、リズムも狂いやすいので、ミスヒットの可能性がかなり高くなります。飛ばしたいときはテンポを上げるといい、と先ほどいいましたが、これはあくまで特別バージョン。ショットを安定させるには、すべての番手を同じテンポで振ることが大切です。

プロのように、全番手、同じスイング時間でタイミングを一致させるためには、メトロノームや音楽を聞きながら、自分なりのタイミングを客観的に意識して練習するのがおすすめです。

でも、実際はヘッドスピードは等速ではなく、加速したり減速したりします。ですから欲をいえば、等速のメトロノームよりも、自分に合ったオリジナルメロディをインプットしておくほうが、自分なりのスイングの理想に近づくはずです（最近はリズムを作れるアプリなどがあるようです）。

さらに完璧を極めるなら、スイングだけでなく、10秒以内のルーティンワークでセットアップすることを心がけ、スイングの始動に入るタイミングもそろえてみましょう。楽曲のイントロが決まっているように、スイング前のイントロ＝ルーテインを一定にし、いつでも同じ状態で動作に入れるようにするわけです。10秒以内といったのは、ショットするまでの準備動作をスイング時のよい動きに結びつけるためには、準備に要する時間が長すぎないことが必要だから。時間が長いとルーティンの効果がまったくなくなったり、かえってスイングのタイミングを狂わす要因にもなるので注意してください。

もちろん、クラブのセッティングの良し悪しも大きく影響します。クラブは短くなるほど重くなるのが一般的です。しかし、このバランスが崩れるとスイングのタイミングを一致させにくくなってしまいます。

アマチュアに多いのが、アイアンが軽すぎてドライバーの長さや重さとマッチしていないケース。もし、アイアンが60グラム前後の軽量シャフトなら、ドライバーは短くて軽いもの（45インチ、シャフト重量40グラム前後）でないとスイングのタイミングを一致させることはむずかしいでしょう。ぜひ、その点も見直してみてください。

フェースのどこに当たってる?

デカヘッドを使いこなしビッグドライブを生むには形よりも「意識」が重要

ヘッドの大型化にともなってスイートエリアが広がったことで、最近のドライバーはとにかくやさしく遠くへ飛ばせるようになりました。にもかかわらず、「真っすぐ飛ばない」と悩んでいるゴルファーは減りません。

なぜ、これほどやさしいクラブを使っても曲がるのか? 理由のひとつに、ヘッドが大きくなったことに安心しすぎて、

スイートエリアに当てる意識が希薄になっている

ことがあげられます。ヘッドが小さいフェアウェイウッドやユーティリティがちゃんと当たるなら、なおさらそれが原因だと考えられます。

決して理想的とはいえない我流スイングでも、曲がらない球を打てる人はいます。どんな形でも芯に当たりさえすれば、真っすぐ飛んでくれるのです。

つまり、ボールを真っすぐ飛ばしたいなら、スイングの形ばかりを気にするよりも、少々カッコは悪くても、芯に当てるコツを覚えたほうが手っ取り早く、真っすぐ飛ばせるということです。

そこで、ぜひとも利用したいのが、ボールがフェースのどこに当たったかがひと目でわかる「ショットマーカー」です。プロやトップアマは感触でだいたいどこに当たったかわかりますが、アマチュアでそれがわかる人は多くはいないでしょう。だからこそ、ちゃんと確認してほしいのです。

使い方は簡単。ショットマーカーをフェース面に貼り、ど真ん中に当てるつもりで打つ、それだけです。もし、先っぽに当たっているなら、次はボールが少し内側

（手前）に当たるように意識して打ちます。スイングのことは考えなくてＯＫ。そうやって試行錯誤し、芯に当てる意識を高めていきます。また、明らかなミスショットをしたときにショットマーカーを見ることで、ヒール寄り（あるいはトウ寄り）に当たったという視覚的な事実と、芯を外したときの感触をリンクさせることができます。これにより、ミスの傾向を把握でき、スイング矯正にも役立ちます。

まずはいつものグリップといつものスイングで、芯に当てることだけを考えてドライバーを振ってください。その結果をショットマーカーで確認しながら、自分なりにミート率を上げる努力をしていけば、型にはめたレッスンよりもはるかに効率のよい練習になるはずです。

また、ショットマーカーは練習場で使うだけでなく、実際のラウンドで使うのもおすすめ。アイアン用もあるので、一打ごとにどこに当たっているかを確認しながら打ち、その都度修正していけばスコアアップにつながるはずです。

さて、「芯に当てよう」とアドバイスをすると、多くの人があるまちがった行動をとります。それはボールを凝視し続けること。そうすると、カラダの動きが制限され、本来のスイングができにくくなります。

そこでドリル。これはティペグを使って行います。まず、ヘッドの幅よりよりも少し広めにティを2本立て、その真ん中にもう1本ティを刺します。そして、真ん中のティだけを打つつもりでセットアップし、目をつぶってスイング。見事、真ん中のティだけ飛ばすことができれば正しいセットアップをしている証拠です。反対に真ん中のティを打ち抜くことができず先や手前のティに当たった場合は、カラダとボールの間合いにズレが生じています。これは自分なりに調整することが必要です。その修正ができたら、次は目をあけた状態で真ん中のティだけを打つ練習をします。このとき注意したいのは、いつものフルスイングのヘッドスピードを確認しながらしっかりクラブを振り切ること。当てにいくようなスイングでは練習の意味がありません。

この3本ティのドリルはラウンド前の練習としてもおすすめです。ボールを打ってその行方に一喜一憂するよりも、芯でボールをとらえるための練習をするほうが、コースでスイートエリアの範囲内に当たる確率が確実に上がるはずです。

「ヘッドアップはダメ」の本当の意味

ボールを凝視するのはNG。軸さえ動かなければヘッドアップしても問題ない

「ヘッドアップをしないように」――これは、ゴルファーなら必ず聞いたことがあるフレーズでしょう。

しかし残念ながら、この言葉は多くの誤解を招いています。それを知らずに忠実に守り、スイングをかえってこじらせているアマチュアをよく見かけます。

ヘッドアップをしないようにと注意された瞬間、ほとんどの人が「ボールから目

を離さないように」という意味に置き換え、一生懸命ボールを凝視してしまいます。これがまちがいのもとなのです。

ヘッドアップをしないように、の真意は、ボールから目を離さないように、ではありません。正しくは「カラダの前傾を保ちスイング軸を変えないように」ということなのです。これが守れれば、ヘッドアップしても問題ないのです。

スイングはトップからダウンスイングに切り返えすとき、左足を踏み込みます。このとき、カラダの重心は一気に左へ移動しますが、そのあとさらに重心が左へ移動し、フィニッシュを迎えるわけではありません。

正しくは、左足を踏み込んで切り返し、下半身が正面（アドレスと同じ）に戻ったときが、もっとも重心が左サイドにある状態です。

その後、インパクトに向かって下半身リードで捻転することで重心は反転して戻りながらインパクトを迎え、クラブを振り抜いた遠心力に対して右サイドでカラダを支えた向心力とのバランスでカラダが軸回転します。

ちょっとむずかしい説明になりましたが、クラブを振り抜いた遠心力に対してバランスを保つために頭が残り、スイング軸が流れていない姿が、いかにもボールを見続けているように見えることから、ヘッドアップをしないようという言葉でアドバイスするようになったのでしょう。実際プロで、

スイング中に「ボールを見続けている」選手はいない

のです。「ボールは絶対に凝視せずに、ボールを含めた地面を景色としてとらえる」あるいは「意識的にボールから目線を切ってスイングする」という選手が圧倒的多数を占めます。目線の切り方も選手によって違っていて、始動の瞬間から後ろに目線を離しながらテークバックし、ダウンスイングの切り返しと同時にボールを見据えてインパクトする選手もいれば、ダウンスイングまではしっかりとボールを見て、インパクトの瞬間にボールを打ち出す方向に目を向ける選手もいます。

知り合いの元プロ野球選手に聞いたところ、野球も同じだそうです。動いている最中に一点を見続けているとタイミングがとりにくくなるので、意識的に目線を切りながら動作を行うとのことです。とくにピッチャーは、キャッチャーミットから目を離さずにコントロールよく投げようとするほどカラダの動きがぎこちなくなる

ので、投球フォームに入りながら一度野手のほうを見たり、あるいは投げる瞬間はキャッチャーミットから目を離したりするそうです。

考えてみれば、一点を凝視すると動きがぎこちなくなるばかりか、イメージがまったくわいてこない状態になります。性格の異なる14本のクラブを操らなければいけないゴルフだからこそ、イメージはとても重要。ヘッドアップをしないようにとボールから目を離さずに凝視してしまうのではなく、目線を動かし、ボール弾道やスイングのタイミングをイメージしながらスイング（あるいはパッティング）したほうが、断然ナイスショットの確率が高くなるはずです。

長年ボールを見続けていた人は、最初どこに目線を動かしていいかわからないかもしれません。そんなときは、ボール前後に設定したスパットやボールにひいたマジックのライン（ボールそのものを見るのとボール上のラインを見るのとではイメージが変わるはずです）に目を向けてみましょう。本来は、セットアップ時にフェースの向きを正しく合わせるための目印ですが、「目線の移し場所」として利用するのもアリです。

「手打ち」の本当の意味を知ろう

手打ちを直すにはボディーターンをやめて積極的に腕を振る

ゴルフのレッスンでよく使われるフレーズに、「手打ちはいけない」というものがあります。しかし、「手打ち」の本当の意味を理解している人は意外と少ないのではないでしょうか。

本来、レッスンでNGとされる手打ちは、「手首をこねるような動き」のことをいいますが、手打ちというと、手（腕を含む）を使うこと自体がいけないことだと思っている人が多いようです。しかしこれは大きなカン違いなのです。

バックスイングやダウンスイングからフォローにかけて自然に手首が動く「リストワーク」は、カラダの動きにともない受動的に動くもので、手打ちとは違います。もちろん、スイングには必要な動きですから、これを止めてはいけません。さらには、少しでも飛距離を伸ばすためにはあらゆる関節や筋肉をフルに使うべきで、当然のことながら手や腕も積極的に使う必要があります。つまり、手をこねるような悪い使い方以外はマスターしたい動きなのです。

では、どう使えばいいのか？

たとえば、バックスイングで「両腕と肩でできた三角形をキープしながらボテイターンでクラブを振り上げる」というよく聞くレッスンどおりに動いてみると、じつはとても窮屈で力を出せません。むしろ、左肩をストレッチするように左上腕で左胸をつぶすイメージで、グリップをなるべく右肩に寄せるように振り上げるほうが力を出しやすく、タイミングもとりやすいはずです。

インパクトからフォローにおいても、プロのスイング写真に似せようとして両腕を伸ばしたフォローをとると、両腕を突き出しただけのスイングになり、カラダを使ってフィニッシュまで振り切れません。インパクト後は、右上腕で右胸をつぶすイメージで、腕と手をカラダに巻きつけるように、できるだけ素早くグリップを左肩に近づけるイメージで振るといいでしょう。そうすれば、カラダの回転が速くなり、ヘッドスピードも上昇。飛距離もアップします。大きくなったクラブの慣性と遠心力によって、見た目もプロのスイング写真のように両腕が伸ばされた大きなフォローになります。

この原理はフィギュアスケートのスピンを見ればわかります。素早い軸回転を生むためには、腕をカラダに近づける必要があり、手がカラダから離れれば離れるほど回転速度は鈍ります。

ゴルフのスイングも理屈は同じです。手打ちをしないように意識し、三角形をキープしようとすると手がカラダから離れたままになります。それではカラダの回転は鈍り、ヘッドスピードは上がりません。

ヘッドスピードを上げるには、

腕を積極的に使い、カラダに巻きつけるように振る

必要があるのです。そうすると、クラブの動く力がカラダの動きに加わり、結果的に両腕が伸びて手が離れたフォローに見える、ということを理解してください。意識的に「腕を振る」わけですが、これは俗にいう手打ちとは違うのです。

この腕振りのイメージを体得するよい方法が、横峯さくら選手が子どものころに行っていた椅子に座ってボールを打つ練習です。椅子に座ると下半身の動きが制限されるので、腕を振ってクラブをさばく感覚がよくわかります。

みなさんも、手打ちという言葉に惑わされることなく、腕を積極的に使って大きな飛距離を獲得してください。

オーバースイングのカン違い

オーバースイングはテンポさえ崩さなければ飛距離アップに効果大

少しでも飛距離を伸ばしたいと思うのは、プロ、アマを問わず、どんなゴルファーにも共通する願いです。そんな人のために飛距離を伸ばすためのヒントをお教えしましょう。

飛距離というのは、ご存じのとおり「飛びの三要素」といわれる「スピン量」「打ち出し角度」「ボール初速」によって決まります。このうちのスピン量と打ち出し角度は、ボールとクラブの進化により、ほぼ誰でも高数値を獲得できるようになってきました。となれば、ボールを飛ばすためには、残りのひとつ、ボール初速を上げる、ということが重要になります。

では、初速を上げるにはどうすればよいのか？

方法のひとつに、ヘッドスピードをより速くすることがあげられます。前述したとおり、スイングにもっとも適しているクラブヘッドの動きのリズムは4拍子。「イチ、ニ、サン」でバックスイングし、「シッ」でトップからインパクトまで振り下ろすのが理想です。このリズムを刻む速さが「テンポ」なのですが、当然のことながら同じクラブ、同じスイング幅で振った場合、テンポが速いほうがヘッドスピードも速くなります。

とはいえ、テンポを上げるのはそう簡単ではありません。なぜなら、最適なテンポは各プレーヤーの、体力、スイングタイプ、クラブセッティングなどで決まるため、単純にテンポを上げようとするだけではスイング全体のバランスを崩す危険性があるからです。

では、テンポを上げずにヘッドスピードを速くするにはどうすればいいか？　それは、ヘッドをより大きく動かせばいいのです。具体的には、みなさんが諸悪の根源だと思っている

オーバースイングのイメージでボールを打つ

ことです。注意すべきは1点だけ。テンポを変えないこと。そうすれば、今までと同じ時間でヘッドがよりたくさん動くことになり、結果、ヘッドスピードが速くなるのです。

このオーバースイングをうまく利用しているのが横峯さくら選手です。彼女は155センチという小柄な体格ながら、女子プロのなかでもトップクラスの飛距離を出します。その理由は、あれだけのオーバースイングにもかかわらず、ほかの選手とほぼ同じテンポを保っているからなのです。

一方、アマチュアに見られるオーバースイングは、「ゆっくりと大きく肩を回して」と思うあまり、正しい4拍子のリズムが狂ってしまった〝オーバータイム・バックスイング〟なのです。これでは当然、結果は出ないでしょう。

オーバースイングの自覚がある人は、「そうか、飛ばないのはオーバースイングのせいだ」と考え、修正しようとします。それが、さらに遅いバックスイングでコンパクトなトップを心がけるものだとしたら、愚の骨頂。飛距離は伸びないどころか、飛ばなくなる一方でしょう。

そうはいっても、オーバースイングだとスイングの再現性が低下し、ミート率が低くなるのでは、と不安に思う人もいるでしょう。

この点も心配無用。トップでヒジが曲がろうが、手首が折れようが、4拍子のテンポさえ狂わなければ、再現性が著しく低下することはありません。

今より飛距離がほしいという人は、ヘッドスピードを上げるために、テンポを変えずにヘッドをより大きく動かすオーバースイングを試してみませんか？

ダウンブローのカン違い

打ち込むイメージはまちがい。ヘッド軌道の最下点の手前でボールをとらえる工夫をする

カン違いの話が続いたので、アマチュアによくあるカン違いをもうひとつ。

ボールをもっとも効率よく飛ばすためには、ヘッドがもっとも加速し、遠心力も最大になる〝スイング軌道の最下点〟でフェースをボールに当てるのが理想です。

しかし、一般的にアイアンショットではダウンブロー（最下点の前でボールに当たる）で打ったほうがいいといわれています。それはなぜか？

もしアイアンショットでもボールがティアップしたような状態にあれば、自然に最下点でとらえたほうが飛距離は出るし正しいスピンもかかります。

ところがコースではそうはいきません。重さ約46グラムのボールはほとんどの場合、重力にならって低いところに止まるので、芝生の中に沈んでいるケースが普通なのです。

そのボールを最下点で打とうとすると、当然のようにヘッドはボールの手前の芝生や地面に当たってしまい、いわゆるダフリになります。このダフリを避けるために、ヘッド軌道の最下点よりも手前でボールをクリーンにとらえる打ち方がダウンブローなのです。

では、ダウンブローはどのようにして打てばいいのか？

多くのアマチュアはダウンブローというと、ヘッドを上から鋭角に打ち込むことだと思っているようですが、それはカン違い。ダウンブローといっても打ち方は通常のショットとまったく変わりません。

変わるのは、先ほどもいったように最下点でボールをとらえるか、最下点の手前でボールをとらえるか、の軌道の違いだけです。
したがって、ダウンブローに打つには、
ボールの位置を状況に合わせていつもより右に置けばいい

のです(ただし、ボールに合わせるようにインパクトしては意味がありません。最下点はあくまでボールの左側です)。そうすれば、最下点の手前でボールをとらえることができ、ターフも自然にとれるようになります。よくいわれている「手首のコックをギリギリまでほどかず、できるだけがまんして鋭角にヘッドを打ち込む」必要はないということです。ボールを右寄りにする場合、ボールを右に置いたぶん軌道がインサイド・アウト気味になるので、自然にドロー系の低い弾道になることを頭に入れておきましょう。

ボールの位置を変えなくても、アドレスで体重配分を左足寄りにして軸を左に傾けても自然にダウンブローになります。こちらの場合はボールの位置がそのままなので、インサイド・イン軌道でヘッドが上から入り、ストレートな低い弾道になることも覚えておいてください。

もうひとつ知っておいてほしいのが、ボックスキャビティ構造などソール幅が広い超低重心設計のアイアンは、もともとターフをとりづらい構造になっていることです。したがって、ターフがきれいに切り取られるダウンブローの打ち方には適していません。

そのかわり、超低重心で真芯の位置が低いので、ハーフトップ気味でもボールをしっかりと拾って弾いてくれ、ミスになりにくい特徴があります。ですので、このタイプのアイアンを使っている人は、ダウンブローは考えずに最下点でとらえて気持ちよく振り切ることだけを考えて打ってください。無理やりダウンブローに打とうとしても、クラブの構造的に無理なのですから。

このようにダウンブローといっても、ひとつの打ち方だけではありません。ですから、まずは基本のショットとして、すべて最下点でインパクトを迎えられるスクエアスイングの練習をしておくこと。この基本を基準にすることで、状況に合わせたいろいろなダウンブローがアレンジできるようになるのです。

スイング中の力の入れ加減

リラックスしたら飛ばない。力を抜くのではなく「入れる」ことを意識する

みなさんから「どうすればうまく力が抜けるのか？」と質問されることがよくあります。

たしかにゴルフ雑誌やレッスン書には、「リラックス」という言葉が頻繁に登場しますし、対面のレッスンでも「スイングはなるべく力は入れないほうがいい」とレクチャーされることが多いと聞いています。

気持ちをリラックスさせることは賛成です。しかし、スイング中、カラダに力を入れないことは、本当にいいことなのでしょうか？

私の答えは、「ＮＯ」です。

これについては、ゴルフ番組で知り合った元メジャーリーガーとも意見が一致しました。野球も「ボールを飛ばそうと思ったら、バットは力一杯振らなければいけない」とおっしゃっていました。

ゴルフと野球は違うスポーツです。道具もフォームも違います。しかし、どちらも力を抜いた軽いスイングでボールが遠くへ飛ぶことはありえないのです。

実際、科学的にもグリップにかかる握力とヘッドスピードは比例することが実証されています。ヘッドスピードが加速するのに合わせ、無意識にグリップを強く握っているわけです。

では、なぜ力を抜けといわれるのか？

それは、本来力を入れてはいけないところに力が入ってしまっているからです。

具体的にいうと、トップからの切り返しです。アマチュアの場合、ここで必要以上にリキんでしまうために、スイング全体を崩してしまうケースが多いのです。だから といって、最初から最後までゆるゆるのスイングでは、肝心なところでヘッドは走らないし、スイング軌道やフェースの向きにもズレが生じやすくなります。ではどうすればよいか。

結論は、力の入れ方にメリハリをつければいい、ということになります。ただ、力を抜くことに意識を集中させると、かえってうまくできません。なぜなら、人間は、「力を入れる」ことは得意だけれど、「力を抜く」ことが苦手な動物だからです。

そこでおすすめしたいのが、力を抜くのではなく、力を入れることを意識する方法です。スイング中、ヘッドスピードをもっとも速くしたいのは、いうまでもなくインパクトです。ですから、

インパクトで最大に力が入るように意識

すればいいのです。そうすれば、トップからの切り返しでは、おのずと力が抜けるはず。もし、トップで力強くグリップしていたら、インパクトでさらに力を込め

ることはできなくなります。

力を入れるポイントは、ほかにもあります。それはテークバックです。往年の名プレーヤー、ジャック・ニクラスは、テークバックでチン・バック（アゴを動かす動作）とともに、肩が盛り上がるまで腕に力を入れてクラブを振り上げていました。これが、理想的な力の入れ方です。最近でいえば、ローリー・マキロイもお手本になります。マキロイも腕の筋肉が浮き出るくらい、力感のあるテークバックをしています。

テークバックでそれだけ力を入れることができれば、トップ付近では自然と力がゆるんでヘッドスピードが減速するため、なめらかに切り返すことができます。そして、ダウンスイングからインパクトに向けてヘッドスピードが最大限加速する、理想のスイングにつながるわけです。

みなさんも、力を抜くことではなく、力を入れることを意識したスイングで、もっと遠くへ飛ばしてください。

自分流ベストスイングの見つけ方

気持ちよく振って スピードが最速になるのが 自分流ベストスイング

正しいスイングを身につけるためには、形だけプロのまねをすることはナンセンス。大切なことは、まず動きの基本を知識としてしっかり頭に入れること。次にそれを自分のポテンシャルに当てはめます。そして最後に、それを動きやすいようにアレンジすることです。

目指すは、動きの基本を踏まえた「自分流のスイング」です。

とはいえ、アマチュアにとっては、なにが基本であり、それをどう自分流にすればよいかわからない人も多いことでしょう。

それを知るために重要視したいのが「ヘッドスピード」です。

スタンス幅やグリップそしてボールとの間合いなどをていねいにセットして、気持ちよく振ってみます。そして、

ヘッドスピードが最速になるスイングが、自分のベストスイング

だと考えてください。ヘッドスピード測定器を使いながらやるのがベストですが、自分の感覚で最速を判断してもかまいません。スイングの動画や写真を撮って確認する場合は、どこかひとコマの形が気に入らなかったとしてもそれが自分流なので、気にせず続けることが大切です。

自分流のベストスイングをカラダに覚え込ませるには、「スイング練習」を積むことが必要です。「たくさんボールを打てばそのぶん上達する」と思っている人も多いようですが、基礎を身につけていない人が無暗に球数を打つと、かえって悪い癖が染みつき、悩みが増えるだけです。それよりも、最速ヘッドスピードをキープ

することだけを目標に、1球ずつカラダの動きを確認しながら、ていねいに練習することをおすすめします。

スイング練習は、なるべく狭い練習場で行ってください。ボールの行方が気になる広い練習場だと、ミスが出るたびにスイングをアレンジしてしまうからです。また、得意クラブを使って練習することもポイント。苦手クラブを必死に練習して克服したいという気持ちはわかりますが、それは効率のよい練習方法とはいえません。苦手クラブのミスショットを反復するよりも、自分にとって気持ちよくスイングできる得意クラブでナイスショットを繰り返すほうが、確実に、しかもいち早く自分流のベストスイングが身につきます。

もし苦手クラブを練習するのなら、得意クラブでナイスショットが続いたときに、その感覚を残したまま苦手クラブに持ちかえてください。気持ちよく打てる、つまり自分流ベストスイングができる確率が高くなるはずです。

ベストスイングといっても、つねに100点を目指す必要はありません。そもそもアマチュアは、ショットの良し悪しを○か×で決めつけすぎ。誰がどう見ても1

００点満点のナイスショット以外は×にしてしまいます。それでは厳しすぎです。プロでさえも、１ラウンドで１００点満点のショットは数発。残りは60～80点といったところですが、それでも十分合格点としてとらえています。

もし自己採点をするなら、○か×（ゼロか１００）ではなく、10段階評価にしてみてはいかがでしょう。

このときのポイントは、９点のショットを10点に上げようとするのではなく、自分でまあまあだと思える６～７点のスイングができるだけ続くように練習することです。そのほうがグッと気が楽になりますし、これまですべて×を与えていた苦手クラブも、ときどき合格点に入ることに気づくはずです。そうすれば、自分を追い込むこともなく、プレーにも余裕が出てくるでしょう。

なにはともあれ、一度、自分にとってのベストスイングを確認することが先決です。さっそく練習場で、気持ちよく振ってみましょう！

飛ばすためのトレーニング

筋肉をムキムキに増やすより カラダのバランスを整えたほうが 飛距離アップには効果的

飛距離を伸ばすためにはカラダを鍛えることも必要だ、と考えている人は多いでしょう。事実、プロの多くが、技術向上のために筋力トレーニングを取り入れています。では、どこを鍛えればいいかわかりますか?

ゴルフには、わずか2秒前後でクラブを振り切るための「瞬発力」と、4~5時間プレーを継続するための「持久力」という、相反するふたつの力が必要です。

まず、瞬発力について説明しましょう。スイングは日常動作にはない複雑な動きですが、人間の動作であることに変わりありません。したがって、地球に対してていかに作用するかがポイントとなります。地球と接している部分は足ですから、下半身の強さが、そのままスイングのパワーにつながります。では、下半身を重点的に鍛えれば飛ぶかといえば、そうとはかぎりません。

下半身のパワーをロスなくクラブに伝えるには、上半身や各関節などを含めたカラダ全体のバランスをとることが重要

です。そこで問題となるのが、バランスの取り方です。人によってこれまでの生活環境や運動経験が違うので、それぞれの調整方法を考えなければいけません。画一的にゴルフに必要だといわれる筋肉を鍛えてしまうと、かえってバランスが崩れてしまう可能性もあるのです。

特別なケアしていないかぎり、人間はみな強い部分と弱い部分があります。そのままスイングをすると、パワーレベルは弱い部分が基準となります。ずっとその状態ならまだいいのですが、飛ばそうとしてリキむと、急に強い部分がはたらいてしまい、バランスを崩してしまうのです。これがパワーロスの原因。力を必要以上に込めても飛距離が伸びないのはそのせいです。

女子プロに腕力では負けないはずなのに、彼女たちよりも飛ばない男性がいます（大半の人がそうではないでしょうか）。それは、カラダの弱い部分のレベルが彼女たちより劣っているからです。

克服するには、まず自分のカラダの特徴や癖を知り、どこが弱い部分かを理解します。そのうえで、弱い部分を強い部分と同等レベルになるまで、鍛えることが大切です。

飛ばすためには、「腹筋が必要」「背筋が必要」など諸説ありますが、どちらが正解かは個々によります。腹筋より背筋が弱ければ背筋を鍛えるべきだし、背筋より腹筋が弱ければ腹筋を鍛えるべきなのです。そうすることで、全体のパワーが底上げされるのです。

次に、持久力についてです。一般的に持久力を鍛えるには、有酸素運動であるウォーキングやジョギングが効果的といわれています。しかし、これもただやればいいというものではありません。ポイントは、心拍数をコントロール（一定の数値をキープする）しながら行うことです。いつも同じペースでやってしまうと、体調の良し悪しや天候によってカラダに対しての負荷が変わり、心拍数も変わってしまうからです。状況が変化しても、心拍数を同じにするには、あえてペースを変えることが必要なのです。

正しく調整しながら続けることができれば、少しずつ安静時の心拍数が下がり、心臓に負担がかからなくなります。同時に、カラダの新陳代謝がよくなり、疲れにくくなるので、長時間の運動がラクになります。そのためにも普段から自分の心拍数を理解しておくのは、重要なことなのです。

一番いいのは、瞬発力と持久力の両方を鍛えることですが、どれだけパワーがあってもラウンドする体力が最後までキープできなければ、安定したプレーは望めません。飛ばすための部分的なトレーニングをするよりも、まずはカラダのバランスを整えて、1ラウンド快適にプレーできる持久力をつけることからはじめてみてはいかがでしょうか。

短時間でスコアアップに結びつく練習法

ゴルフウエア&シューズで本番同様、ドライバーのフルスイングからスタート!

練習時間の少ないアマチュアにとって、上達の鍵を握るのは、球数ではなく「練習の質」です。練習の目的は、大きくスイング作りとスコアアップに直結する実戦練習に分けられますが、後者を目指すなら練習環境をラウンドのイメージに近づけることが大切です。

この場合、練習場は天井のある狭い〝鳥かご〟より、ある程度距離があって、打席一面がグリーンマットになっているところがおすすめです。服装はジャージではなく、ラウンド時と同じウエアを身につけたほうが臨場感がわくでしょう。

入念な準備運動をしたあと、最初のショットは1番ホールだと思ってドライバーのフルスイングからはじめます。

そして、一打ごとに目標を設定し、いつものルーティンを行ってから打ちます。実際のコースでは、練習場のようにマットや白線などのガイドラインがないので、ボールと目標を結んだターゲットラインを想定し、それに対してカラダとフェースをスクエアに合わせ、セットアップをします。これを適確に行うためには、いつでも決まったルーティンで構えることが大切ですが、ほとんどのゴルファーは練習場のガイドラインに頼り、この手順を踏まずに漠然と打ち続けています。それでは、コースで目標に真っすぐ構えられないのは当然です。

それを克服するためにも、練習場では危険のない範囲でマットに逆らって斜めに構え、マットや白線などの地面の景色に左右されず、自らの仮想ターゲットラインを作る練習をしておくべきです。さらに重要なポイントは、

1打ごとにクラブを持ちかえること

です。ラウンドでは、どんなにミスしてもOBや空振りをしないかぎりクラブを持ちかえて打つわけですから、練習でそれに慣れておくことが大切です。

ショートゲームに関しても、練習場でできることはたくさんあります。たとえばバンカーショットはゴムティにボールを置いてヘッドを浮かせて構え、ゴムティをリーディングエッジで切り取るように振り抜きます。当然、砂の抵抗は感じられませんが、ボールの下にヘッドを潜らす感覚は十分に鍛えられます。

アプローチは、同じようにゴムティにボールを置き、ボールだけをクリーンに打ちます。マットから打つと、ヘッドの跳ね返りが実際のショットとかけ離れたものになり、正確な打点の意識が養えません。

頻繁に行くコースがあるなら、そのコースの特定ホールを思い浮かべながらティショット、セカンド、アプローチと順番に打っていけばさらに効果がアップします。

また、ゴルフ場は練習場のようにつねに平らでライがいいわけではなく、ティグラウンド以外はほとんどが傾斜地で、ライも毎ショット違う状態です。ですから、練習場でもいろいろな斜面やライを想定し、練習をしておくべきです。

といっても、斜面から打てる練習場はほとんどないのでは？　大丈夫です。工夫次第でいくらでも状況設定はできます。たとえば、ボールを右寄りに置いて右足体重で打ったり、左寄りに置いて左足体重で打ったりすることで斜面を再現することができます。

このとき注意すべきことは、両ヒザを結んだラインを目標に対してスクエアにすることです。ボールを右寄りに置いて右足体重で立つと、右ヒザが屈曲し、右ヒザが左ヒザよりも前に出てカラダがオープンになります。結果、アウトサイド・イン軌道になりやすくなってしまいます。これを防ぐには、右足を後ろに引いて両ヒザのラインをスクエアに合わせることがポイントです。左足体重で打つ場合はその逆。クローズにならないよう左足を引いて、両ヒザのラインを合わせましょう。

紹介した練習法はごく一部ですが、このように本番を想定しながらの練習を積み重ねることで、コースでも戸惑うことなく対処でき、リズムよくプレーできます。さっそく、次から試してみてください。

お金も時間も無駄にしない練習法

上達は球数よりもアイデア。練習器具で悪い動きを抑えれば正しい軌道が自然に身につく

ゴルフがむずかしいのは、野球やテニスのように飛んでくるボールにタイミングを合わせて打てるわけではなく、止まっているボールを打つからです。それゆえ、スイングには高い再現性が求められるわけですが、練習ではボールをただ打てばいいというものではありません。まちがった練習だと、かえって下手を固めてしまうこともあるのです。

目的もなく漫然と打ったり、「真っすぐ打つ」ことだけを目指したり、ミスショットでムキになって連打したり……というような練習はあまり効果がありません。お金と時間の無駄です。

効率よく上達しようと専門書、雑誌、ネットなどでとにかくゴルフ理論を詰め込む人もいます。しかし、頭で理解しても、カラダで実現できなければこれまた意味がありません。

そこで、頭の中とカラダを連動させるための効果的なふたつの練習方法を紹介しましょう。

ひとつは、第三者にマンツーマンで指導をしてもらう方法です。頭で理解した動きが実際にカラダで再現できているかを1打ごとに検証し、正しい動きを刷り込んでいきます。独学よりもレッスンを受けたほうが効率よくうまくなれることはいうまでもありません。

理想的にいえば、つねにコーチに帯同してもらうのがいいのですが、プロなら可能でもアマチュアには無理があります。よって、おすすめはふたつめの方法。それ

は、

カラダの動きに制限をかけて行う練習

です。ご存じのとおり、世の中にはあまたのゴルフ練習器具が存在しています。それらを駆使し、悪い動きができないように制限をかけた練習をするのです。手首の使いすぎを抑えるもの、両腕を胴体に固定するものなどさまざまな器具があるので、使い方をよく理解したうえで練習に投入してください。もちろん、最初は窮屈で動きにくいのですが、無駄な動きを強制的に抑えることで、いやがおうにもカラダに正しい動きがメモリーされていきます。

器具を使うのは苦手、という人は次のアイデアはいかがでしょうか。障害物を置いたり、不安定な足場を作ることで、普段の動きを制限し、正しい軌道を導く練習法です。

1　練習場のマットにＡ４サイズのコピー用紙を置いたと仮定し、中央と四隅にそれぞれボールを配置。そして、四隅のボールに当たらないように真ん中のボールを打つ

2　打席マットの段差の部分にツマ先から土踏まずを乗せ、両カカトを浮かせながらアドレス。テークバックでは右カカトを地面に下ろし、インパクトで左カカトを下ろすように足踏みスイングをしてバランスをとりながらボールを打つ。余計な動きをするとスイングがブレるので、自然と無駄のない動きになる

このほか、フェースで正しくボールをとらえる感覚を身につけるためには、ドライバーで直ドラをしたり、ティアップを高くしてウエッジショットをしたりするのもいいでしょう。正確なインパクトが身につきます。

ゴルフの練習は相手を必要としないので、ひとりで行くことが多いと思います。ただ闇雲にボールを打つよりも、自分なりの工夫を加えることで集中力をキープしたまま、より実戦的な練習ができるはずです。

ラウンド前日の練習

前日はうまくなる練習ではなくミスするクラブや内容を把握し対処法を見つけておく

明日は、久しぶりのラウンド。この1カ月、仕事が忙しくてほとんどクラブを握っていないから、今日はしっかり練習をしておこう……。みなさんの多くは、このようなシチュエーションを経験しているのではないでしょうか。

仕事を早めに切り上げて、向かった練習場では……。だいたいの人が1本のクラブを何球も打ち続け、自分の納得がいくショットが出たら次のクラブを手にするというパターンではないでしょうか？

でも、このようなやり方は前日練習としてはおすすめできません。同じクラブで10球も20球も打ち続ければ、さすがにいい球が出ることもあるでしょう。実際のラウンドでは打つたびにクラブを持ちかえるわけですから、練習よりナイスショットの確率は落ちます。ミスショットを連発して愕然とするということのほうが多いのです。

そこで、ラウンド前日にやっておきたいことは、まずは「今の自分を知る」ことです。そのためにも、最初はドライバー、次はミドルアイアン、続いてウエッジというように、ラウンドと同じ手順で一発ずつボールを打つようにしてください。

そうすると、ミスショットが頻繁に出るかもしれません。もしかすると、10球中10球ミス……ということもあるでしょう。でも、それが現実。残念ながら、前日に練習したからといって、劇的にうまくなることはまずないのです。

しかし、落ち込む必要はありません。大切なのはここからです。ミスが出たとしても「ああダメだ」とガッカリするのではなく、

どんなミスがどれだけ出たかをしっかり頭に叩き込み、心の準備をしておく

ことが重要です。そして、翌日のラウンドでは、同じようなミスが出ることを想定しながらプレーします。そうすれば、悪いなりにも慌てずにスコアをまとめられるのです。

たとえば、もし前日の練習どおりアイアンの当たりが薄く、いつもの飛距離が出せない状況なら、「あっ、今日も同じだな。じゃ、池越えショットは当たりの薄いアイアンじゃなくてユーティリティを使おう」とか「当たりが薄くて飛ばないから一番手上げよう」といった具合に冷静に判断でき、迷うことなく落ち着いてプレーできます。

前日の練習でやるべきことは、まだあります。それは、お助けクラブを見つけることです。

全体的に調子がいまひとつだとしても、これなら〝そこそこ〟当たる、というクラブがあるはずです。アイアンは当たらないけど、ユーティリティなら当たる。あるいはフェアウェイウッドは当たらないけど、アイアンは調子がいい……など。好

き嫌いではなく、当たる、当たらないを見極めておきます。当たるクラブが1本でもあればしめたもの。翌日のラウンドでは、そのクラブをお助けクラブとし、徹底的に活用するのです。

たとえば、よく当たるのが7番アイアンだとしたら……。パー5の2打目でフェアウェイウッドやユーティリティを使わずに、7番アイアンを2回続けて打つことを選択します。これでも十分パーは狙えるはずです。また、パー4のセカンドで7番アイアンを使えるよう、ティショットの番手を調整します。ドライバーの調子が悪いときには、なおさら効果的な選択となるはずです。

さらにもうひとつアドバイスがあります。練習でうまくボールが打てなくても、力をゆるめることなく力一杯スイングし続けるようにしてください。当たらないとついつい力をゆるめて当てにいきがちですが、力を加減するとかえってスイング軌道は乱れ、距離も方向もばらつきます。練習では当たろうが当たるまいが、すべてマン振り！　思い切りのよいショットで、翌日の準備をしましょう。うじうじ考えるよりも、よっぽどよい結果に結びつくはずです。

パッティングの重要性を再確認しよう

パッティングが好調だとすべてのショットに好影響。これが「パット・イズ・マネー」

プロのプロフィールを見ると「得意クラブ」という欄がありますが、一番多い答えはなんだかご存じですか?

なんと、シード選手のうち男子では約4割、女子では6割近くの選手が得意クラブに「ドライバー」をあげています。ここ数年の技術革新でドライバーがとてもやさしく打てるようになったことも関係しているのでしょう。

しかし、ゴルフでもっとも大切な「スコア」という点から考えると、ドライバーが得意であることが一番のアドバンテージになるわけではありません。

スコアの内訳を調べると、プロ、アマ関係なく、だいたいパッティングが40％、アプローチが25％、そのほかのショットが35％となります。

この数字を見ても、スコアにもっとも影響するのはパッティングであることが明らか。「パット・イズ・マネー」といわれるのもわかります。大多数のプロが、パッティング練習にもっとも多くの時間を費やしているのもうなずけます。

しかしそれは、ショット数に対するパット数の割合が大きい、という単純な理由だけではありません。プロは、パットの好調がショット全体の好調につながることを、身をもって体験しているからなのです。

パッティングに自信があれば、アプローチは「グリーンに乗ればＯＫ」と気楽に打てます。すると、アプローチにプレッシャーがかからなくなります。さらに、パッティングとアプローチに安定感が出ると、グリーンを狙うショットは「無理に乗せなくても、グリーンの近くまで運んでおけばいい」と考えることができます。最終的にはドライバーショットも、絶対フェアウェイの真ん中に打たなければいけないと自分を追い込むことはせず、「あのあたりまで飛べばパーオンは狙える」と、気持ちに余裕が生まれ、気負わず打つことができます。

そう考えると、現在「ドライバーが得意」と答えているプロのなかには、ずっとドライバーが得意だったわけではなく、元をたどればパッティングが得意だった選手も多いはずです。それが好順し、ドライバーの調子がよくなり、得意意識につながったのではないかと推測します。つまり、

パッティングが得意になれば、相乗効果でウエッジからアイアン、ドライバーに至るまでよい影響をおよぼす

ということ。これが本当の意味での「パット・イズ・マネー」なのです。

飛距離が出たときの快感はなにものにもかえがたいものですが、アマチュアはその快感を得るため、つい練習場でもドライバーを重点的に練習してしまいがちです。しかし、着実にスコアアップを目指すなら、パッティングの練習に多くの時間を割くことをおすすめします。とくにコースへ行ったときは、ラウンド前はもちろん、

ラウンド後にも練習グリーンでボールを転がす習慣をつけると上達が格段に早くなります。

また、パッティングに必要な「フィーリング」や「タッチ」を磨くためには、普段の生活からパターに慣れ親しむことも考えてください。気がついたときに自宅のカーペットやパターマットで練習するだけでも全然違います。たとえボールを打たなくても、テレビを見ながらパターを握っているだけでも効果があります。

こうしてパターになじみ、パッティングすることが楽しくなってくると、ラウンド中にグリーンに上がるのが待ち遠しくなるはずです。そうなればしめたもの。〝パッティングの名手〟へ近づくだけでなく、いつの間にかドライバーやアイアンも得意になっているかもしれません。

自宅でのパッティング練習

カップに入れたら負け？ 寸前で止める練習で パッティングの距離感を養う

「パット・イズ・マネー」の意味を理解し、練習への意欲がわいてきましたか？練習場で闇雲に打つよりも、部屋でパッティング練習をしたほうがスコアアップには効果的なのはまちがいありません。とはいえ、「実際のグリーンじゃないところで打っても意味ないのでは？」と思っている人も多いでしょう。

たしかにパッティングで空振りすることはめったにありませんし、芯に当たらなくてもOBになることもまずありません。ミスヒットしている感覚が普通のショットよりも少ないため、あまり練習する気にならないというのもわかります。

しかし、スコアの約40％を占めるのがパッティング。パット数が減れば、スコアは一気によくなります。地道に練習しておくと、いつか「やっておいてよかった」と思う日が必ずくるのです。

そこで、確実にパッティング力向上に結びつく、自宅でのパッティング練習法を紹介しましょう。

まずはストロークの練習です。パターマットをもっている人はそれを使い、もっていない人はカーペットの上に目印を置いて連続カップイン記録に挑戦してみましょう。距離は入れごろ外しごろといわれる2～3メートルがいいでしょう。

最初は5球連続、10球連続でOK。ただし、〝連続〟なので1回でも失敗すればまた1球目からやり直しとなります。ストロークは、

とにかくヘッドを真っすぐ引いて、真っすぐ出す

これを機械的に行います。実際、コースではパターマットのように真っ平らなラ

インはめったにありませんが、パットはショットのように意図的にスライス回転（あるいはフック回転）をかけて打つことはないのです。したがって、ラインがフックだろうがスライスだろうが、ヘッドを目標に対して真っすぐ引いて、真っすぐ出すわけです。これをマスターせずに、パットの名手にはなれません。

かつて国内女子ツアーで6年連続賞金王に輝いた不動裕理選手は、試合中であろうが休日であろうが、家に帰ったら必ずパターマットで連続100回に挑戦するのが日課だったと聞きました。さすがにみなさんには100回は厳しいですが、練習を積み重ねながら徐々に連続回数のハードルを上げていくのもいいでしょう。

もうひとつは、距離感を養う練習です。グリーン上でカップを狙う場合、正確なストロークさえできれば必ず入るかというと、そうではありません。ラインに乗せてカップインするためには、いかに自分の思ったところにボールを止めることができるかという距離感が大切です。それを養うのがこの練習方法です。

パターマットがあれば、カップの寸前、なければ壁やドアを目標に設定し、その寸前でボールを止めるように打ちます。

やり方はふたつ。ひとつは、同じ位置から同じ強さで何球も打って、きちんと目標の直前でボールを止める練習。もうひとつは、1球ごとに目標の手前だったり向こう側だったり、毎回距離を変えて打つ練習です。

連続カップイン練習とは異なり、1球1球、集中力を切らさずに打たなければいけないわけではありません。気軽な気持ちで大丈夫です。打ち方も細かいことは気にせず、テレビを見ながら、あるいは談笑しながら練習してもOKです。家族や友人と、「カップに入れたら（壁に当てたら）負け」というルールを作り、ゲーム感覚で楽しむのもいいでしょう。

これらの練習は、たとえ10分でもかまいません。毎日の習慣にするとさらに効果がアップします。今日からはじめてみてはいかがでしょうか。

雑誌のレッスンの活用法

言葉や写真を頭で理解したら解釈をまちがえていないか必ず自分で動いて検証する

ゴルファーに悩みはつきものです。その悩みを減らすべく、ゴルフ雑誌にはさまざまな解決策が掲載されていいます。しかし、ゴルファーの悩みは消えることがありません。決して、まちがったことが書いてあるわけではないのに、なぜでしょう。

それは、誌面上の言葉や写真を自分流に解釈してしまっていることに起因します。ねじ曲がった解釈をしても、本人は正しいと信じているので、気づかずに悪い動きを続けてしまうのです。歌も本格的に歌おうとしたら、発声方法を教わらないといい声が出せません。楽譜どおりに歌えているかどうかも、録音したり、誰かにチェックしてもらわないとわかりません。好き勝手に歌うのも気持ちはいいですが、作品として完成度の高いものにはならないはずです。

ゴルフも同じです。高いレベルを目指すならまず、

客観的に自分の姿を確認することが大切です。レッスン記事を頭で理解するのではなく、実践した姿を鏡に映したり、ビデオや写真を撮ったりして、手本となるプロと同じ姿になっているかどうかを必ず検証すべきです。

手本とする写真は、プロが実際に打っているカットであることが望ましいです。解説するためにとったポーズをまねしようとは思わないでください。ポーズをとっている写真はイメージにすぎず、実際に振ってみると、ポジションや力のかかり方が全然違う場合が多いのです。

上達するには、ワンポイントレッスンとともに掲載されたある一部分の形をまね

するよりも、プレーに役立つセオリーを身につけることが先決。雑誌を活用するなら、カラダの動きとスイングのメカニズムを解説した記事がおすすめです。写真もポーズではなく、動きのあるリアルなものを参考にし、自分のポテンシャルや個性に合わせて動いてみます。そのあとで自分の解釈と動きがまちがっていないか、必ず写真や動画で確認しつつ正しくアレンジしていく、という考え方で取り組むのがいいでしょう。

また、雑誌は巻頭に上級者向けの高度なロブショットが紹介されていたかと思うと、巻末に初心者向けのグリップレッスンが紹介されていることもあり、対象レベルもテーマもバラバラです。教科書やマニュアル本のように初級からはじまり中級、上級と順序よく並んでいるわけではありません。連続写真もスペースの問題でコマ数を調整して途中のカットを割愛していることも多いので、動画的なイメージで見るとカン違いしやすいので注意が必要です。ツアープロによる華麗な技の写真や解説は、見ているぶんには楽しいですが、安易にまねするのは危険。もちろん「へー、こんな動きがあるのか」と好奇心で試すのはかまいませんが、決してスコアメイクのために次回のラウンドで試そうなどとは思わないほうがいいでしょう。どんな高度な技も基本がなければ成り立ちません。

フィギュアスケートでも、まずは転ばずに真っすぐ滑る練習からはじめます。それからスピードやカーブのコントロールを学び、初めてジャンプやスピンなどの技に取り組むはずです。雑誌に掲載されているハイレベルなツアープロの技をまねすることは、スケートで真っすぐに滑ることもできないのに、いきなり3回転ジャンプの飛び方にトライするようなものです。

基本に終始すると、まわりの状況が把握できるようになり、技の必要性に気づくようになります。それから徐々に技を習得するほうが、何倍も効率よく上達するはずです。

すぐに悩みが解決できるかのようなうたい文句に踊らされ、複数のレッスン記事を読みあさってしまうと、かえって症状が悪化しかねません。そうならないためにも、しっかりと自分自身で検証し、ときには他人にチェックしてもらいながら、ゴルフを覚えていくことが大切だと思います。

CHAPTER

2

準備すれば結果はついてくる。スコアはその積み重ね。功を急ぐのは遠まわり

ゴルフをより楽しむための心がけ

「あの人とのラウンドは楽しい」真の上級者を目指すなら、そう思われるプレーヤーになろう

ゴルフは審判がいるわけではなく、自己裁定しながらプレーするスポーツです。だからといって、自分ひとりだけで完結できるかというと、そうではありません。特殊な場合を除いて必ず誰か（同伴者）と一緒にプレーをするため、多かれ少なかれ、その影響を受け、また自分も誰かに影響を与えています。

とくに会社関係者や友人など、身近な人とプレーをすることが多い人の場合は、

コミュニケーションをとりながらラウンドするので、その影響は大きいといえるでしょう。コンペの優勝者のコメントではありませんが、「同伴者に恵まれて」という日もあれば、同伴者との波長が合わずイライラして調子が出ないという日もあるはずです。

もし、あまり気の合わない同伴者のせいで、平常心を失い、本来のプレーができなくなったらどうするか？　相手を避けたり、自分の世界に入ろうとするのではなく、気持ちよくプレーする雰囲気を作るなど、あえて自分から相手にアプローチすることを私はおすすめします。

「なぜ、好きではない人にわざわざ？」と思う人もいるでしょうが、不快に思う相手に対して自分が受け身の立場のままでは、イライラが募るだけです。それはプレーにデメリットしか与えません。また、相手に嫌悪感を抱いているときは、相手も同じように感じていることが多いので、放っておいても状況は改善されません。だとしたら、組全体がよいムードになるように努め、自分自身も気持ちよくプレーするほうが、何倍も楽しくラウンドできるはずです。

たとえば、相手が成功したときには、「ナイスショット!」「ナイスイン!」と明るく声をかけます。あるいは、行動を先読みしてバンカーレーキやパター、ボールを拭くタオルなどを準備します。相手も褒められたり、気にかけてもらっていることがわかれば、悪い気はしないはずです。

また、相手に注意を促すときも言い方ひとつで印象がガラリと変わるので、少し工夫するといいでしょう。

グリーンまわりで、相手が明らかに遠いのに打とうとせず待たされたり、逆にこちらが遠いのに先に打たれてしまうことがあります。そんなときに「あなたの番ですよ」とか「私が先です」と直接的な言い方をすると、険悪な雰囲気になりかねません。それよりも「私のほうが遠いですか?」と尋ねるようにいうほうが、相手も不快感を覚えることは少ないと思います。

ホールアウトしたら率先してピンフラッグを持つ、相手のクラブを拾い上げる、ボールを一緒に探すなどの気遣いも大切です。そのような〝模範行動〟は不思議とまわりにも伝染します。黙っていても同伴者も同じことをするようになり、次第に組全体に穏やかな空気が流れはじめます。もっといえば、キャディさん、スタッフ、ほかの組のプレーヤーにも影響します。**あなたのスマートな態度や発言は、ゴルフ場全体の空気をよくする力がある**のです。

その結果、自分も平穏に楽しくプレーすることができるようになるはずです。まさに因果応報、というわけです。

楽しければいいスコアが出る、というわけではありませんが、少なくとも「来なければよかった」と思うことはないでしょう。せっかくお金を払って1日を過ごすのですから、楽しいに越したことはありません。

「あの人とプレーすると1日が楽しい」

真の上級者になるには、きれいなスイングを覚えたりスコアを縮める努力も大切ですが、こんなふうに思われるプレーヤーになることを目指したいものです。

ラウンド直前の練習グリーンですべきこと

ボール3個を順番に打つよりも1個をカップインさせるまで打つほうが練習になる

ラウンド前のパッティング練習。練習グリーンではボール3個を箱から出し、カップインに一喜一憂している人を数多く見かけます。

それを見ると、私はいつも「もったいない」と感じます。なぜなら、ほとんどの人がストロークばかりを気にして、肝心なことを忘れているからです。

練習グリーンといえども、仕上がりはコースのグリーンと同じ。となれば、ストローク云々（これは事前に練習しておくとして）よりも、グリーンの状態をきちんと把握しておくことが、スコアメイクには大切なのです。

最初にやるべきことはロングパットの練習

です。最近は面積が広いワングリーンが主流なので、ロングパットの機会は多いはずです。にもかかわらず、それを練習している人はまれ。大抵の人がショートやミドルパットを練習しています。それでは、ロングパットの距離感が合わないのも当然です。必ずグリーンの端から端まで打ち、グリーンの速さ、芝目の強さを確かめておきましょう。

アプローチの情報収集のために、グリーンをめがけて手でボールをトスし、落ちたときの音や硬さ、転がりを確認することも効果的です。「練習グリーンでそんなことをしていいの？」と思うかもしれませんが、これくらいはマナー違反にはなりませんから大丈夫です。練習グリーンの上を歩くだけでも、グリーンの状態を確認できます。足裏に意識を集中して、上りや下り、わずかな左右の傾斜も感じ取れるようにトライしてみましょう。

グリーンの状態を把握できたら、カップを狙う練習をするといいでしょう。その場合、ボールは3個ではなく、1個で行うことをおすすめします。3個を同じ目標に向かって順番に打つと、2球目からは距離に対してどのくらいの感覚で打てばよいかを判断しなくなります。つまり、1球目を基準にちょっと弱く、ちょっと左にと考えてしまい、カップに対しての距離やラインを考えなくなってしまうのです。それならば、1個のボールを狙ったカップに入れるまで打ち、いろいろな場所から繰り返すほうが実戦的です。

よく行くコースだと「グリーンの状態は十分わかっている」と思うでしょうが、わかっているからこそ、季節や天候、また芝の刈り具合によって状態が変化すると、「いつもと違う?」とギャップを感じやすくなります。むしろ、よく行くコースこそ、念入りにチェックすべきです。

スコアに占めるショートゲームの割合が高いのはいうまでもありませんが、それを考えると、当日のグリーン情報を詳しく知らずして、よいスコアを出せるはずがありません。少しでもよいスコアを出したいと思うなら、ラウンド前は時間が許すかぎり、グリーン情報の収集に努めてください。

それでも、距離感が合わないときも当然あります。そのときは、ボールを打つ前に、パターを持たずに素振りをしましょう。といっても、普通の素振りではなく、ボールをトスして転がす動作の素振りです。腕や下半身など、カラダ全体でどのくらいの強さでボールを転がせばよいのかを感じてみましょう。アマチュアはストロークを意識すると振り幅やフェースの向きを気にしてしまうので、まったく違った動きで距離感を呼び覚ます方法です。

練習グリーンで得た情報を生かしてスコアアップにつなげるには、手前から攻めるマネジメントももちろん重要です。最初の数ホールは上りのやさしいラインで距離感を探り、「練習ホール」のつもりと割り切るとよいでしょう。そのうちグリーンに慣れ、「思ったよりも強く（弱く）打てばいい」と自分なりのアジャスト法がわかってくるはずです。

朝のパッティング練習はとても重要ですので、なにはともあれ、まずは余裕をもってコースへ出かけてください。

鬼門の朝イチショットを克服する秘訣

リキまずに打つにはまず100％のフルスイングで素振りをしておく

トーナメント中継といえば、優勝争いをしている選手の終盤ホールだけ、というのが一般的でした。しかしここ数年、CS放送などではスタートホールの生中継を行っています。今まで会場に足を運ぶ以外は見ることができなかったプロの朝イチショットがお茶の間で見られるため、コアなゴルフファンには好評です。

プロの朝イチショットを見て、多くの人が「さすがはプロ。朝イチから切れ味のいいスイングができてるなあ」と感心するのではないでしょうか。それだけ、朝イチショットを苦手にしている人が多いと思います。ハーフ30台でまわれる人でも、朝イチショットでチョロ……というケースもめずらしくありません。

では、スタートホールからナイスショットを打つ秘訣はなにか。

プロはまず、目覚めてからカラダが覚醒するまでの時間を考慮し、スタート時間に合わせて起床時間を調整します。そして、少なくとも2時間前にはゴルフ場に入り、ストレッチや軽いマッサージなどでウォームアップします。そのあと、練習場で各自のルーティンに合わせて決まったクラブで、決まった球数をこなしてイメージを高めてから、ゆっくり歩いてスタートホールに向かいます。

一方、アマチュアはというと、スタート時間ギリギリに到着。ウォーミングアップもなしに、練習グリーンで4~5球転がし、駆け足でスタートホールに向かう、という光景をよく見かけます。これでは、よいショットを期待するほうが無理というもの。とりわけ冬は、カラダが温まっていないので、ミスの確率がますます高くなります。

朝イチショットも単なる1打、ミスが1発目に出るか3発目に出るかの違いなので大袈裟に考える必要はない、という考え方もありますが、やはり朝から「ナイスショット～！」という声を聞き、気持ちよくスタートしたいものです。

それには、少しだけ考えを改める必要があります。

まず、スタート時間の3時間以上前には起きて、ゴルフ場に余裕をもって到着してください。助手席で到着間際まで寝たり、ロッジでスタート直前までのんびりすることは避けましょう。

コースに到着したら、必ずストレッチや軽い準備体操（ラジオ体操など）でウォームアップをします。そして、練習場のあるコースなら10球でも20球でもいいのでボールを打っておきましょう。上達のための練習ではないので、たくさん打つ必要はありません。

そして、スタートホールに着いたら、このとき、数球でもフルスイングで打つことが重要です。

リキまずリラックスした状態で2～3回フルスイングで素振りをします。打撃練習をしない場合はこれを必ずやりましょう。車もエンジンが冷えていてはアクセルを踏み込んでもうまく走りません。エンジンを温めるのと同じように、カラダを温めることがとにかく大事です。寝坊や渋滞でしっかり準備をする時間がない場合も、最低限、フルスイングの素振りをやっておけば、かなりの確率でミスショットを減らせるはずです。

また、レッスン書には「朝イチはカラダが十分に動かないので80％の力で打つ」と書かれていることがありますが、自分の出力レベルがわかっていないのに80％を意識するのはむずかしいことです。そういった意味でも、１００％の素振りで自分の出力レベルを確かめておくことが重要。それができてはじめて、80％の加減がわかるのです。

さらにいえば、朝イチショットで80％の力で打ちたいなら、コースでいきなり試すのではなく、普段からそのための準備をしておく必要があります。フルスイングのあと、朝イチショットをイメージしながら80％で打つ、という練習をしておくとよいでしょう。なんの技術もいりません。心がけをかえるだけで朝イチショットが怖くなくなるのですから、ぜひ試してみてください。

「今日イチスイング」のすすめ

なにがあってもフルスイング！ それを18ホール貫けば いつか視界は開ける

ラウンド中、どんなレベルのゴルファーでも一回くらいは出る〝今日イチショット〟。滅多に出ず、しかも、いつ出るかわからないところが福引の当たりくじのようですね。実際、プロでも真芯に当たるショットは1ラウンドで1～2回。それにもかかわらず、アンダーでまわれるのは、それに近いレベルのショットを安定して打ち続けることができるからです。

みなさんは、「自分のレベルでは、安定したショットを続けるなんてムリムリ!」と思うかもしれません。

ところが、これが、全然無理な話ではないのです。もちろん、プロと比べたら飛距離や正確性は劣るかもしれません。でも、その人なりの今日イチレベルを打ち続けることは、誰にとっても可能なのです。

なぜなら、今どきのクラブは非常に高性能で、ミスが出にくい構造になっているからです。その気になれば、そして、やり方さえ間違えなければ今日イチレベルが出続けることは、なんら不思議ではないのです。

クラブの恩恵を受けるために一番重要なことは、

自分がもっとも気持ちいいと感じるスイングをつねに続けること

です。それはおそらく、動きを制限したハーフスイングやスリークオーターではないはず。ブンッと思い切り振ったとき、スカッといい気分になるのではないでしょうか。

車でたとえればリミッターが作動するまで回転数を上げた状態をイメージして、

しっかりとクラブを振り続けてください。フェアウェイが狭いからといって当てにいくようなスイングを続けていると、動きがぎこちなくなりかえってボールの行先がばらついてしまうのです。

ティショットだけでなく、セカンドショットもドライバーとまったく同じ力感で今日イチスイングをすることが重要です。ドライバーだけアクセル全開で振り、ユーティリティやアイアンはゆるめるような振り方をすると、だんだんタイミングがずれ、すべてのショットが狂い出します。

朝イチショットの項でもいいましたが、スイング前にストレッチや準備体操でカラダ（エンジン）を温め、温まったら一度リミッターが作動するまでカラダを目一杯動かしておきます。準備ができていないのにいきなりドライバーをうまく打つのは無茶な話。当然、ミスショットになり精神的ダメージを受けます。それが続くと、怖くてドライバーが思い切り振れなくなり、結果、当てにいってまたミスをする……という負のスパイラルにはまってしまいます。

こうした失敗を繰り返さないためにも、ラウンド前はリミッターが作動するまで今日イチスイングで練習と素振りをすることをおすすめします。クラブはドライバーでなくてもＯＫ。アイアンが得意ならアイアンでもいいので、思い切り振って準備してください。

ラウンド中も同じです。ショット前に素振りをするときは、イメージスイングではなく、フルショットすることをおすすめします。

この今日イチスイングを続けたからといって、今日イチショットが増えるわけではありませんし、ミスがゼロになるわけでもありません。でも、大ミスする確率は大幅に減り、今日イチレベルのショットが増えることは確かです。それがスコアメイクにつながることはいうまでもありません。

次のラウンドは、スコアではなく、今日イチスイングを目標にしてみてはいかがでしょうか。当たっても、当たらなくても続ける。それが重要です。

ミスとの上手な付き合い方

ミスの再現は意味がない。正しいイメージだけを描きながらスイングしよう

ゴルフはミスのスポーツです。どんな名プレーヤーでも完璧なプレーをすることは不可能なので、ミスとの付き合い方がとても重要になってきます。

ところが、アマチュアはそれがとても苦手です。

ミスショットの直後、「左ワキがあいた」とか「右肩が下がった」などとまちがった動きを再現してしまうのが典型例です。ミスをした照れ隠しかもしれませんが、

この行為はミスの神経回路を強化するだけ。ミスにミスの上塗りをし、再び同じミスをしやすい自分をわざわざ作っている、といっても過言ではありません。

では、ミスをしたときにはどうすればいいのか。

もっとも重要なのは自分を責めないこと

です。アマチュアのゴルフに対するスタンスを考えると、いくらゴルフ好きでも、日常生活や仕事以上に真剣に取り組んでいる人は少ないでしょう。多くの人が「お付き合い」や「趣味」としてとらえているはずです。もちろん、上達する意欲はあるでしょうが、そこそこの練習でまずまずのプレーができれば御の字だと考えている人が多いのではないでしょうか。だとすれば、自分を責めるのはお門違いというものです。

ミスをしても「こんなはずではなかった」と悔やむのではなく、「やはりミスをしてしまったか」と潔く受け入れるべきです。そして重要なのは、素早く気持ちを切りかえ、次のショットに専念することです。リカバリーショットが成功すれば、気分も晴れやかになり、立ち直りも早くなるはずです。

もうひとつ心がけたいのは、つねによいイメージを頭に描きながらラウンドすることです。プロはどんな失敗をしても、ミスはミスとしてとらえるだけです。頭の中は、正しい動きに対する意識しかありません。

もちろん、練習も然りです。アマチュアはミスの原因を修正する練習をしている人が多いのですが、プロは正しい動きをただカラダに染み込ませる練習をしています。一見、同じように思えますが、自分の欠点を探しているのと、よいイメージだけを追求しているのとでは、大きな差があります。

実際、苦手クラブを克服するために、ミスを繰り返しながら練習をするよりも、得意クラブでナイスショットを繰り返すほうが、結果的には上達が早いのです。

動画を使ったレッスンについても、自分の悪い動きばかりを再生されて何度も見せつけられたあげく、静止画像にしてミスの形を指摘されたのでは、よい動きのイメージがわいてくるはずがありません。最高のショットを見続けてよいイメージを定着させたほうが、はるかに上達します。自分の粗探しはやめにして、よい動きにこだわる練習をしてみてはいかがでしょうか。

自分のカラダに関心をもつ

スイングを考えるより心拍数を整えることがスコアアップにつながる

歳をとって筋力や柔軟性が衰えてもプレーを楽しめ、何歳になっても上達の喜びを味わえるのがゴルフの魅力です。

しかし、ゴルフはみなさんが思っている以上に、体力や筋力を使うスポーツです。18ホールをバテることなくプレーするには、日ごろから自分のカラダに関心をもって準備しておくことが大切です。そこで知っておきたいのが、

安静時の心拍数

です。朝起きてベッドから出る前に心拍数を測ってみましょう。一般的な成人で、1分間に60～80回といわれています。これより高い人は、もしかすると運動不足かもしれません。とくに最近疲れやすく、回復も遅いと感じている人は要チェックです。

安静時の心拍数がわかったら、今度はそれが運動するとどのくらい上がるのか、また、運動後に上がった数字がどのくらいの時間で元に戻るかを確認しておきましょう。なぜなら、ゴルフはほかのスポーツ以上に心拍数のコントロールが重要だからです。1打ごとのルーティンが大事だといわれるのも、このあたりに理由があり、単にリズムや集中力を高めるためだけの動作ではないのです。

練習場で次から次へとボールを打ったあとや、コースで走ったあとは息が切れます。その状態でスイングするとどうですか？　当然、自分なりの最高パフォーマンスは発揮できませんよね。

そこで、練習場なら1球打ったあと、コースならボールまで歩いてたどり着いたあと、上がった心拍数が元に戻るまでの時間を使ってショット前のルーティンをしましょう。そうすれば、つねに落ち着いた状態でスイングできます。

打つ前にいちいち心拍数を計れとはいいませんが、スイングをあれこれ考えるよりも、心拍数が落ち着いているか否かの確認に神経を傾けたほうが、ナイスショットの確率が上がるはずです。

日ごろから安静時の心拍数を下げる努力も必要です。ジョギングやウォーキングなど持久系の運動をすると、毛細血管が増えて新陳代謝がよくなり、それにともなって心拍数が減少するといわれています。習慣化すれば、徐々に疲れにくく、回復力のあるカラダに変わっていくでしょう。即効性はありませんが、実現できれば確実にスコアアップにつながります。

脚力、腕力、握力など、自分のパワーレベルを数値で把握することもおすすめします。デスクワークが多いと、カラダを力いっぱい動かすことがほとんどありません。カラダ測定で自分の限界を知っておくことは、動きをコントロールするうえで重要。機会を作って調べておきましょう。

あがり3ホールをスマートに乗り切る方法

スイングはバランスが重要。下半身が80%の力なら上半身も80%の力で振るべき

あがり3ホール——その言葉を聞いただけで、ワクワクするドラマを想像してしまう。トーナメント観戦が好きなゴルフファンにはそんな魅力を秘めた言葉ではありますが、いざ自分がプレーする側になると、ワクワクならぬヘトヘト。カートでのラウンドでも、16番あたりになるとそれまでの疲れがどっと出て、構えようとしたらヒザがガクガクなんて経験、誰にでもあるのではないでしょうか。とくにラ

ンチにお酒を飲みすぎた人があがり3ホールでバテて、「飲むんじゃなかった」と後悔している姿をたびたび目撃します。

そのような状況に陥ったとき、みなさんはどのようにして乗り切っていますか？

私が見るかぎり、アマチュアの多くは、下半身に比べて若干余力のある上半身を使い、なんとかいつもの飛距離を確保しようと必死でクラブを振っているように見えるのですが……。

たしかに、下半身が疲れていても上半身のパワーが落ちていないのなら、その力でなんとかしたいという気持ちはよくわかります。しかし、これまで何度かいっているように、

スイングでなによりも大事なのはカラダ全体のバランス

です。そのバランスを無視して、特定の部分にだけ力を入れたのでは、うまくいくはずがないのです。

本来であればスタートからホールアウトまで、つねに100%の力でバランスよくスイングできる体力をつけておくのが目標です。スコアアップを目指すなら、日

ごろから素振りやウォーキングなどを行い、18ホールを余裕をもって完走できる体力作りに取り組むことが必要です。

それはともかく、あがり3ホールで、下半身が疲れて通常の80％の力しか出せない状態なら、上半身も下半身に合わせて80％にすべきです。そうすれば、スイングのバランスは崩れないので方向性が極端にブレることも、ミート率がガクンと落ちることもありません。100％でないにせよ、飛距離もスコアも〝そこそこ〟をキープできるはずです。

もうひとつ、疲れたカラダにムチを打ち、奮い立たせるという方法もあります。屈伸をしたり、ストレッチをしたりして、血のめぐりをよくしましょう。疲れるのはカラダだけではありません。司令塔である脳も疲れています。血のめぐりをよくすることは、カラダだけでなく脳の疲れにも効果的です。

それが済んだら、仕上げに「朝イチショットの心得」（100ページ）でもおすすめした「フルスイング素振り」をやってみてください。ダレたカラダが覚醒し、シャキッと振れるようになるはずです。

疲れているのにそれは無理……という人は、ヘッド側を持ってシャフトを素早く振ってみましょう。スイング全体の時間を速くすることで、いつものシャープなスイング感覚が蘇ってきます。

時間をかける必要はありません。ティグラウンドでちょっとやるだけでも、全然違います。弱っていたカラダが再び息を吹き返し、スタート時と変わらないパワフルなスイングができるようになります。もちろん、もうハーフまわれるほど回復するわけではありませんが、残り3ホールなら十分乗り切れるはずです。

また、疲れたという自覚がなくても、けっこう足腰にダメージがきているというケースはよくあることですから、まずは自分の体調がどういう状態なのかを、つねに把握しておくことも大切です。

あがり3ホールがみなさんにとっても、ワクワクする舞台となることを願っています。

月イチゴルファーが知っておくべきアプローチの心得

失敗しないゴルファーは「使えない4本」ではなく「頼れる1本」を持っている

スコアメイクの要となるアプローチ。プロのようにピンチでも寄せワンでしのげるようになるには多くの経験が必要です。しかし、練習やラウンドが少ない月イチゴルファーでも、的確な知識があれば大きな失敗は回避できます。

まず、100ヤード以内のアプローチで注意したいことを説明しましょう。この状況で一番大切なのは、コントロールショットをするときもフルスイングと同じタイミングを保つことです。素振りも同じです。距離に応じたスイングをイメージしながらフルスイングと同じリズムとテンポで行います。空中ではなく、しっかりヘッドを芝につけ、「跳ね返り具合」「引っかかり具合」をチェックし、ライの状況を把握しておきましょう。このとき、抵抗が大きければ距離を多めに見積もり、大きめにスイングします。

打ち方は、特殊な状況でないかぎりスクエアに構え、真っすぐな軌道をイメージしてスイングします。理由はウエッジの溝規制以降、溝に対してヘッド軌道を直角にしないと、ボールが溝に引っかからなくなったからです。フェースを開いてアウトサイド・インのカット軌道で振ると、スピン量は増えるどころか逆に減ってしまうので注意しましょう。ただし、グリーン近くの深いラフや沈んだライからは、多少フェースを開く必要があります。フェースを開くことでヘッドの抜けがよくなり、バンスを有効利用できるからです。

また、ラフはフェースとボールの間に芝が挟まるので、次にお話しするバンカーショットと同様に、クラブが抜ける方向にボールが飛び出すことも頭に入れておきましょう。

次にグリーンまで数ヤードのアプローチについてです。この状況で、真っ先に考えることは、転がせるか否かです。転がせる場合は、できるだけロフト角が小さいクラブを選びます。もちろん選択肢にはパターやフェアウェイウッド、ユーティリティも含まれます。

テレビなどでプロの絶妙なアプローチテクニックを見ると、見よう見まねでスピンの利いた球に挑戦してみたくなります。しかし、やってみると結果は非情……。みなさんにも経験があるのではないでしょうか。

プロのようにスピンをかけてピンに絡ませるには、多大な経験値が必要です。アプローチの飛距離はインパクトのヘッドスピードとロフト角度が大きく関係しますが、番手ごとにどれくらい飛ぶかという感覚は練習と実戦を積み重ねてカラダで覚えるしかないのです。

もし、つねに真っ平らでボールが浮いている状態から真芯で打つことができれば、毎回スピン量はほぼ変わらないので、ボールが落ちてからの転がりも計算できます。

しかし、実際は毎回ライが違いますし、一定の打点で打てるわけではありません。当然、その都度スピン量が増減するので、ボールが落ちてからの転がりも大きく変わってきます。

つまり、寄せるためにはキャリーだけではなく、スピン量もコントロールしなければならないということなのです。でも、練習時間がプロと比べて圧倒的に少ないアマチュアがそれを習得するのは至難の業でしょう。

そこで、おすすめしたい考え方がふたつあります。ひとつめは、

できるだけスピンの影響を受けにくい方法

を考えることです。ロフト角の大きいクラブほどミスヒットした場合にスピンのばらつきが多くなり、距離感が狂いやすいことを前提にすると、最優先で考えるのはパターで転がせるかどうかです。パターはミスヒットの誤差が少ないうえに、クラブのなかでもっともスピン量が少ないので、想定内の結果に落ち着きやすいといえます。たとえビタっと寄らなくても、とんでもないミスが少ないということは、スコアメイクにとっては重要です。

次の候補はランニングアプローチです。この場合もロフト角が小さいクラブほどスピン量は少なくなるので、中途半端に9番や8番などを使うのではなく、思い切って大きな番手を使ってみましょう。青木功さんは6番アイアンのランニングアプローチの名手ですし、タイガー・ウッズも状況に合わせてフェアウェイウッドでランニングアプローチを使います。

ボールとグリーンとの間にバンカーなど越さなければならない障害物がある場合は、仕方なくピッチ&ランを選択します。しかし、ピッチングウエッジやアプローチウエッジはスピン量の予想がむずかしくなるので、ピンに寄せるというよりはパッティングのラインがやさしいところを狙い、安全にグリーンに乗せることを重視したほうがいいでしょう。

サンドウエッジでボールを上げる場合は、ソールの合わせ方が重要になります。インパクトの形を意識して、ヘッドをライ角どおり（トウが浮かないように注意）に構えましょう。ボールの落とし場所は、絶対にイレギュラーしそうにない平らなところを設定します。基本はグリーン上ですが、場合によってはグリーン外のほうが平らなこともあるので、慎重に状況判断をしましょう。打つときは余計なことは考えず、目標に落とすことだけに集中します。

これらの方法を実戦で使い分けるには、それぞれのクラブで打ったときのキャリーの距離コントロールと、落ちてからの転がり具合を事前につかんでおかなければならず、やはり練習が必要です。

それすらも時間がなくて無理、という人にはふたつめの方法をおすすめします。それは、

アプローチのクラブを1本決め、つねにそれを使うようにする

ことです。使うクラブですが、最近はウエッジ4本時代ともいわれ、アマチュアのなかにもピッチングウエッジやサンドウエッジのほかに数本のウエッジをセッティングしている人を見かけます。しかし、それぞれの距離感を完璧に自分のものにし、使いこなしている人はあまり見受けられません。使いこなせないクラブを使うより、1本に絞るほうが断然けがが少なくなるはずです。

もし、サンドウエッジ1本にするのなら軟鉄鍛造のシャープなものではなく、ソ

ール幅が広くバンスが多めのクラブ（たとえばアイアンセットに組み込まれているもの）をおすすめします。そのほうがスピン量のばらつきが少なく安全です。リーディングエッジを浮かせずに、ヘッドのすわりにまかせスクエアに使い、素直に打てばミスを減らせます。

また、アスリート仕様のクラブでそろえている人で、「アプローチは苦手」という場合は、

やさしいウエッジを「アプローチ専用」として1本加えてバッグに入れておく

のもアリ。選択肢のひとつに加えてみてはいかがでしょう。

もちろん、ゴルフスタイルに合わせてクラブを選んだり、セッティングをかえたりすることはゴルフの楽しみのひとつです。こだわって選びたいという人は、必ず自分でフィーリングを確かめてから決めましょう。雑誌などに掲載されていることを鵜呑みにしてしまうと、思わぬ落とし穴にはまってしまうこともあるので注意が必要です。

バンカーショットの真実

バンカーはシンプルが一番。目標に対してスクエアに構えボールの真下を打ち抜くだけ

アマチュアの多くが苦手意識をもっているのがバンカーショットです。その原因は昔から伝えられている〝バンカーのセオリー〟にあると私は考えています。それは「オープンスタンスに構え、フェースを開き、左ヒジを抜いてカット軌道で打つ」というものです。

苦手意識を払拭するために、まずやるべきことは、このバンカーのセオリーをリ

セットすることです。そして、これから説明するバンカーショットの打ち方を新たにインプットしてください。

最初に理解してほしいのは、フェース面でボールをクリーンにヒットしないバンカーショットは、フェースの向きに関係なくヘッドが動く軌道、つまり、

砂が飛ぶ方向にボールが飛ぶ

ということです。これを頭に入れておくと、バンカーショットがグッと簡単になるはずです。

目標よりもオープンに構えて左に振り抜けば、いくらフェースを開いてもボールは左に飛びます。ということは、スタンスは通常のショットと同様に、目標に対してスクエア（飛球線と平行）に構えればいいのです。そうなれば、当然カット打ちの必要もないということです。

次に、フェースの開きについてです。フェースは状況に応じて若干開きますが、「開くのが当たり前」ということではありません。というのも、サンドウエッジのソールにはバンス角がついているため、フェースを開かなくてもバンスの効果でヘ

ッドが砂に潜りにくく、自然と振り抜けるようになっているからです。

それでもフェースを開く理由はふたつあります。ひとつは、ロフトをより多くすることで打ち出し角度を高くし、スピンを多くかけるため。もうひとつは、振り抜くときに砂の抵抗を軽減させるためです。開く度合いは、砂の質、ライの状態、アゴの高さ、グリーンのコンディション、ピンまでの距離や位置などによって変わってきます。

とはいえ、バンカーが苦手な人はあまり余計なことを考えるのはやめましょう。距離が遠ければフェースはあまり開かず、近ければ大きめに開くという程度のシンプルなアレンジでOKです。あとはスイングの大きさ、砂を取る量なども変えず、ボールの真下を打ち抜くことだけに集中して打ってください。

プロがピンに対してオープンに構えて打つのは、試合が行われる硬くて速いグリーンを攻略するために、フェースを大きく開き、スピン量を増やす必要があるからです。ちなみに、フェースを大きく開くとバックスピンだけではなくスライス回転のスピンも増えるため、落下時にボールが右に跳ねることを想定してプロはピンの左を狙うケースがほとんどです。

アマチュアが普段ラウンドするグリーンは、そこまで厳しいセッティングではないですし、一番の目的はグリーンに乗せることなので、複雑に考える必要はありません。打ち終わったら、砂が飛んだ方向とボールが飛び出した方向が、きちんと一致しているかを確認してください。

クリーンに打たないバンカーショットでも、芯でボールをとらえなければヘッド軌道の方向にボールは正しく飛んでくれません。もし、ボールが右に飛び出したら、それはフェースの先でボールをとらえてしまったということです。フェース面をチェックし、真芯のところに砂粒の傷がついていたら、スイング軌道に沿ってボールは正しく打ち出されているはずです。

これができるようになれば、あなたのバンカーショットに対する苦手意識はすぐに消えるはずです。

プレッシャーに打ち勝つ方法

コンペはがんばらなくていい。いつもの動作（ルーティン）でいつもの自分を保つことに集中

気の合う仲間同士のプレーとは違い、コンペとなればちょっとした緊張感を覚えるのではないでしょうか。

しかし、それがちょっとした緊張感ならいいのですが、なかには緊張とプレッシャーで我を忘れてしまい、いきなりミスをしてさらにパニックに……というような人もときどき見かけます。ゴルフはメンタルなスポーツですから、過度なプレッシ

ャーはスイングによくない影響（打ち急きなど）を与えます。

ではこのとき、どんなプレッシャーがかかっているのか？

この分野の専門家の分析によると、最大で4つの種類のプレッシャーがかかっているそうです。

ひとつめは、コースのむずかしさから感じるストレス。OBゾーンに行ったらどうしよう、池に入ったらどうしようという恐怖がプレッシャーとなるようです。

ふたつめは、人から見られていることを意識するプレッシャー。とくにコンペでは参加者が50人、100人のときもありますし、その人間関係もさまざまです。一緒にまわる人が上司や得意先、あるいは初対面のお客さんだとすれば、なおさらプレッシャーが増幅するでしょう。

3つめは、練習不足や不調により、「うまく打てないのではないか」という不安からくるプレッシャー。

そして4つめは、特定の相手に負けたくない、スコアが悪かったらみっともない、という思いから生まれるプレッシャーです。みなさんにも思い当たる節があると思います。

では、これらのプレッシャーにどう対処するか。なかには、「がんばるぞ」と努力の量を増やそうとする人がいますが、この方法は必ずしもよい結果につながりません。

また、「池はないものと考えよう」など、プレッシャーの要因を必死に忘れようとすることも、ほとんど効果は期待できません。忘れよう、目をそらそう、とすればするほど、逆にプレッシャーは大きくなるものです。

私が対処法としておすすめしたいのは、自分なりに決めたルーティンを実行することに意識を集中することです。飛球線の確認、素振り、アドレスやグリップの確認などのショット前の準備動作をいつもと同じ順序で、同じリズムと時間で行うことに意識を傾ければ、大部分のプレッシャーは取り除かれるはずです。

さらに付け加えれば、アドレス後に目標確認をするときは、向きが正しいかどうかを確かめるのではなく、

「目標に絶対に打ってやる！」と着地点だけを凝視すること

が大切です。このとき、行ってはいけない池やＯＢゾーンなどは見ないようにします。目に入った瞬間、忘れかけていたプレッシャーが再び甦ってくる可能性があるからです。

これら一連の行動は、一朝一夕では身につきません。普段の練習からしっかり意識しておくべきです。とくにコンペ開催日が近いときは、ラウンドするのと同じように、１球打つたびにルーティンを行い、それがいつもと同じリズム、同じ時間で行われているかどうかをチェックしましょう。スイングを下手にいじるよりも、よっぽど効果的です。

プレッシャーをゼロにすることはできませんが、人間はなにか目的をもって行動すると必ずよい結果に結びつくものです。これまでコンペでは平均スコアをなかなか上回れなかったという人ほど、大きな効果が期待できるはずです。

コンペで好成績を出す秘策

頭を使ったセッティングとスコアカードへのひと工夫が練習不足を補ってくれる

コンペの話が出たので、私がおすすめするコンペ必勝法を紹介しましょう。

コンペはちょっと気合いが入るものです。参加するからには、当然上位入賞を目指したいですが、慌てて練習したからといって、それが確実にスコアに結びつくかといえば、そうではありません。ゴルフはそんなに甘いものではない、ということは、みなさんが一番ご存じでしょう。かといって、忙しいビジネスマンがたっぷり練習に時間をさけるはずもありません。大抵の人は、練習どころかカラダのメンテナンスすらも不十分な状態です。

しかし、そんな人でも、時間をかけず、ちょっとの工夫でいつもよりよいスコア（少なくとも大勢の前で恥をかかない程度の）を出す方法があるのです。

まずは、コースの下調べです。コンペ会場となるコースがアップダウンが多いのかフラットなのか、また、フェアウェイやグリーンは広いのか狭いのかを確認します。前日には必ず天気予報を見て、コース周辺の天候と風向きも確認します。そして、コースレイアウト図を見ながら、どちらから、どのくらいの風が吹くかをチェックしておきましょう。

もし、クラブを複数持っているなら、それらを踏まえたクラブセッティングを考えます。たとえば、アップダウンが多くトリッキーなコースなら、飛距離よりもコントロールを重視したドライバーと傾斜地から打ちやすいユーティリティをセットします。砲台グリーンや、ガードバンカーの多いコースは、高い球でポンと落とせるショートウッドが役に立ちます。反対に強い風が吹きそうなら、ロングアイアンが強い味方になってくれるはずです。

そして、もっとも重要なのがスコアの40％を占めるパターです。当日、もし練習グリーンが速かったら、「いつもよりタッチを弱めよう」と思うでしょう。しかし、自分の感覚を調整するよりも、パターを調整したほうがはるかに簡単です。そう考えると、理想はタイプの異なるパターを数本用意しておくこと。それが無理ならウエイトを調整できるようにしておくといいでしょう。

さらに、よいスコアを出すには、がんばれば手に届く目標を掲げることが大切です。たとえば、

各ホールのパー設定にハンディキャップを加味した〝自分なりのパー〟を設定

します。ハンディキャップ18ならパー3はパー4、パー4はパー5、パー5はパー6、トータル90とし、その数字を実際にスコアカードに書き加えます。スコアをつけるときも数字ではなく、自分なりのパーに対しての結果を記入します。トーナメントようにパーは「－（横線）」、バーディは「○」、ボギーは「△」、ダブルボギーは「□」と書きます。こうすれば、自分の目標よりもいいのか、悪いのかが

一目瞭然ですし、たとえパー3でトリプルボギーを打っても、自分なりのパーからみるとダブルボギーの「□」なので、「そんなに悪くない」「まだ挽回できる」と気持ちも前向きになります。

同時に、18ホールを3ホールずつ、6つに区切ってプレーをする方法もおすすめです。

3ホールごとに結果を確認し、それがよくても悪くても一度気持ちをリセットします。そして、新たな気持ちで次の3ホールに挑みます。そうすれば集中力が切れることがないので、終わってみると意外といいスコアが出せたりします。「上位に入りたい」「○○さんに勝ちたい」というような目標よりも、自分だけで完結した目標のほうが、達成感もあるのでおすすめです。

コンペの予定が入っているけど練習する暇がない、という人は、さっそく試してみませんか。

春ゴルフの心得

カラダよりも頭を使おう。風の読みを征するものが春ゴルフを征する

ウエアもカラダも軽くなる春は、シャープなスイングができるので、本来ならばスコアを出しやすい季節です。

しかし、なぜか調子が上がらない……。それはコンディションや天候に合ったクラブ選択や攻め方ができていないからかもしれません。

コースは枯れ気味の芝生と新芽が入り混じって生えて芝がそろっていないので、

ショットはクリーンヒットしにくく、パッティングはラインが読みづらい状態です。それに加え、寒暖の差が大きく、風が息をするように変わりやすいので、なにも考えずにプレーするとスコアメイクにはとても苦労します。

そんな状況を打破するには、まず風を正確に読むことが大切です。

風は冬のように肌を刺すような冷たさがないので、多少強めの風でも心地よく感じてしまいます。また、冬の乾いた北風とは違い、南からの風は湿気を含んでいますので、ついつい風の読みが甘くなりがちです。

風の読みが甘くなると、アゲンストではショート、フォローではグリーンオーバーと距離感が合わずに、スコアがまとまりません。春は若干、風を強めに読むといいでしょう。

風向きも単純にアゲンストかフォローというわけではなく、横から吹いたり、斜めから吹いたりと複雑極まりありません。カラダで感じた情報だけでなく、必ず雲の動きや高い木の枝葉の動きを見て、総合的に判断することも大切です。ショット地点と目標地点で風向きがまったく違っていたり、ホールの向きが変わっても同じ風向きのこともあり、混乱することも多々あります。そのときは、半信半疑のままにせず、確信がもてるまで確認するようにしましょう。

風を読んだら、次はクラブ選択と攻め方を考えます。まず、知っておいてほしいのは、

アゲンストのときはスピンが多いほど、フォローのときはスピンが少ないほど、打球は風の影響を受けやすい

ということです。これを考慮すると、アゲンストでは一番手大きいクラブでしっかりフルショットするよりも、さらにもう一番手大きいクラブでゆったりとコントロールショットするほうが得策。そのほうが、吹き上がらずにスピン量が減ってショートしづらくなります。

フォローで一番手小さいクラブを選択するときも注意が必要です。風に乗って飛びすぎてしまうのを恐れて軽めに打つと、かえってスピン量がほどけて飛びすぎてしまうからです。小さいクラブを持ったら躊躇せずにしっかりと振り切ることを心がけましょう。そうすればスピンがしっかりかかり、思ったところにボールを運べ

るはずです。また、横風に流されるのを利用して球筋を風向きに合わせると、落ち際よりも前からボールが流されることに注意してください。真横からの風は流されることを計算して風に逆らうように打ちますから、大きめに打つことを忘れないようにしましょう。

いずれにしても風の影響を最大に受けるのは、ボールの勢いが弱まってスピンがほどけはじめてからです。ですので、打球の勢いが弱まる前までは風に逆らうように飛び、弱まってから風に流される、というイメージをしっかり描くことでボールコントロールがしやすくなるはずです。とくに距離感が重要な短いクラブは、前述した打球の特徴（アゲンストはスピンが多いほど、フォローはスピンが少ないほど風の影響を受けやすい）をよく理解して攻め方を考えましょう。そうすれば、きっとよいスコアメイクができるはずです。

また、春ゴルフでは「温度差」にも注意してください。人間は暖かいところから寒いところに出ると（その逆もしかり）、血管が収縮し血圧が上がります。健康な人でも相当カラダに負担がかかりますが、高血圧や心臓に持病がある人にとっては、命取りになりかねません。

ポカポカ陽気の日もあれば、真冬並みの寒さの日もある春先は、服装に気を使いましょう。ポロシャツやタートルネックの上に、脱ぎ着のしやすい薄手のブルゾンをはおり、こまめに温度調節をするのがおすすめです。

温度差の危険はプレー後のお風呂にも潜んでいます。風呂場で心筋梗塞によって亡くなる人は、交通事故死者の約2倍といわれています。原因はやはり血圧の急激な変動です。予防策としては、脱衣場と浴室の温度差をなくすこと。そして、入浴の前後にコップ一杯の水分を必ず補給すること。さらにお湯の温度を少しぬるめの38度から40度に設定し、徐々に温まる方法があります。夕方になると急に気温が下がり、思いのほかカラダが冷えることがありますが、そんなときにいきなり熱い湯船にダイブするのは大変危険です。

カラダへの負担を軽減するには、温度差は5度以内に収めるといいそうです。服装でこまめに温度調節、プレーは慌てずリキまず、お風呂はかけ湯をしてゆっくり入る。以上のことに留意して、春のゴルフをエンジョイしてください。

真夏のラウンドの注意点

真夏のゴルフは打つ前に水分！ルーティンに組み込めば熱中症の予防になる

真夏のゴルフについてもお話ししておきましょう。

ここ最近、夏の暑さが半端ではありません。とくに辛いのが、夜になっても気温が下がらないことです。私は仕事でさまざまな国を訪れますが、日本の夜の寝苦しさは世界屈指だと感じています。

そんな夏に注意しなければいけないのが熱中症です。情報雑誌では頻繁に特集が組まれていますし、テレビのニュースでもくどいほど注意を喚起しているので、だいぶ意識する人が増えているように感じます。

しかし、想像以上に芝の照り返しが強く、カラダの水分が奪われやすい場所がゴルフ場です。それを重々承知しているはずのゴルフの達人、キャディ、運営関係者、そしてときには選手も試合中に熱中症になることはめずらしくありません。自分はちゃんと気をつけているから大丈夫、という人も油断は禁物です。ここでもう一度、予防と対策を頭に叩き込んでおきましょう。

人間は、汗をかいて血液の濃度が濃くなるとホルモンが分泌され、その影響でカラダは「のどが渇いた」と認識し、水分を要求します。ちなみに1日に排出される汗の量は室内にいるときで0・5リットルぐらい。しかし、炎天下で1日プレーをすると2リットル以上の汗が出るそうです。

カラダから水分が減ると尿が濃くなってきます。これは水分排出量をセーブしながら老廃物を外に出そうとする自衛手段ですが、歳を重ねるごとにこの機能が弱まり、のどが渇いたということ自体を感じにくくなるといいます。さらに寝るときに

「もったいないのでエアコンを消す」「カラダが冷えるので扇風機を使わない」「トイレが近くなるから水分を控える」というようなことを実行していたら、ゴルフ場に到着したときから既に脱水気味になっているかもしれません。

どんなに健康な人でも、体重の5％の水分が失われると脱水症状が出るそうです。具体的な症状は、のどが渇く、尿が濃くなる、舌が乾く、皮膚が乾く、意識がクラクラする、脈が速くなるなど。これらの症状が現れたときはかなり深刻で、水を飲んでも急には改善されません。無理をせずに、まずはプレーを中断して安静にしながらカラダを冷やすことをおすすめします。

熱中症の予防で一番大切なのは、とにかくこまめに水分をとることです。年配者ほど水を飲む習慣がないそうなので、時間を決めて強制的に飲む工夫も必要でしょう。普段の生活でも、朝食後、10時、昼食後、15時、夕食後、就寝前の6回で1・5リットルは必要だといわれているので、炎天下でゴルフをする場合はその倍の3リットルは補給すべきでしょう。朝食、昼食、プレー後だけでなく、

プレー中も500ミリのペットボトル3本ぐらいは飲む

ように心がけてください。プレーに夢中になるとつい忘れてしまうので、毎ホール、ティグラウンドで必ず飲む、といったマイルールを決めてもいいかもしれません。もしくは、ツアープロのように打つ前のルーティンワークに水を口に含むという動作を入れると、忘れずに補給できるでしょう。

また、水分補給とあわせて次のことを守ると、よりリスクを減らせます。

●前の晩は深酒を避け、クーラー、扇風機を適度に利用し睡眠をたっぷりとる
●ポロシャツの下に紫外線よけのアンダーウエアを着る。その上から定期的に水をかけ、表面からも冷やすのも効果的
●なるべく日陰を歩き直射日光を浴びないようにする（日傘、乗用カートを積極的に利用する）
●ランチではアルコールを避け、クーラーでカラダをしっかりと冷やす
●ふらっとしたら無理をせずに潔くプレーを中断する

熱中症は適切な予防をすれば防ぐことができます。ぜひこれらのことを念頭に入れ、夏も楽しくプレーしましょう。

秋ゴルフのテーマは「ラフ対策」

ラフ克服に重要なのがクラブセッティング。ユーティリティが重宝する

ラフからのショットに苦手意識をもっているゴルファーは少なくありません。深く、手ごわいラフ、といえば夏を想像しますが、意外にもむずかしいのが秋のラフです。勢いのある夏に刈りそろえられた秋のラフは、長さはありませんが密度が高いので、見た目よりも抵抗が強く侮れません。油断をするとヘッドが芝にとられて、〝ラフからラフへの渡り鳥〟になりかねないのです。

ラフからのショットでまずするべきことは、ボールの近くで素振りし、ラフの状態を見極めることです。もちろん、故意にコースを傷つけないよう最低限のエチケットは必要ですが、素振りは空中でなく、ヘッドを芝につけて手ごたえをチェックします。ヘッドがちゃん入り込めるのか、それとも抵抗が大きいのか。前者なら多少ロフトの立ったクラブでもOKですが、後者なら無理せずロフトの大きいクラブを選択します。とくにフルショットをしないアプローチは、この作業を念入りに行ってインパクトのイメージを作りましょう。

ミドルアイアン以上で打たなければいけない距離では、クラブ選択も重要です。「ラフ＝アイアン」と思い込んでいる人も多いかもしれませんが、

深いラフで意外と力を発揮してくれるのがユーティリティ

です。普通に考えると、ユーティリティよりもロフトが大きい7番アイアンのほうが打ち込みやすく、ボールも上がりやすいので適していると思いますが、じつは逆。7番アイアンよりもユーティリティのほうがフェース面積が小さく、シャフトが長いので、芝の抵抗を受けづらく、ヘッドが走り振り抜きやすいという点で、ラ

フからのショットに非常に適しているといえるのです。とくにシニアや女性ゴルファーなど、力のない人には効果がありますので、試してみてください。

もし、ホームコースや頻繁に訪れるゴルフ場がラフの多いコースなら、クラブセッティングをラフ仕様にかえておく手もあります。基本的にシャフトは重くて硬め、ヘッドは重めでフェースは小ぶりのほうが使い勝手がよいでしょう。

女子プロを観察すると、夏から秋にかけて、またコースに応じてセッティングをかえる選手はめずらしくありません。とくにラフが厳しい「日本女子オープン」（毎年秋に開催）を見ると、事前にラフ対応をしている選手とそうではない選手とでは、見事に結果の明暗が分かれます。それだけクラブは重要なのです。

クラブをかえても、打ち方が悪ければ結果は一緒、と思っているアマチュアも、一度ラフに適したクラブセッティングにかえてみることをおすすめします。きっと、スコアメイクが楽になることまちがいなしです。

冬ゴルフが教えてくれること

冬こそチャンス！ 枯れた芝が自分に本当に合うウエッジを教えてくれる

「ゴルフは自然と戦うスポーツだ」とよくいわれますが、なかでも寒い冬のゴルフが苦手、という人は多いと思います。

冬は着膨れして動きにくいのはもちろんですが、気温が下がれば下がるほど、カラダが覚醒するまでの時間はかかります。アマチュアは念入りな準備をしないままスタートしてしまうため、出だし数ホールはスムーズにカラダが動いていないというケースをよく見かけます。そのあとやっとカラダが目覚めてクラブが振れてきても、夏場ほどヘッドスピードが上がらないことをあらかじめ頭に入れておかなければなりません。

カラダだけではありません。クラブやボールなどの道具も、気温の変化に影響を受けます。もちろん、気温が高いほうが飛ぶことは実感しているでしょうが、実際にどれだけの差があると思いますか？　じつは常温である15度を基準に、プラスマイナス10度の温度差があると、キャリーでおよそプラスマイナス5％の増減があります。つまり、真夏と真冬とでは10％の差があるということ。ドライバーのキャリーが200ヤードの人なら20ヤード以上違うというわけです。これだけ違えば、同じコースでも夏と冬では狙い場所も、セカンド、サードショットで使うクラブもまったく変わってくるはずです。

冬場のゴルフ場でやっかいなのがアプローチです。芝が生えそろっている季節はボールが浮いていてライがよいので、多少失敗しても結果は許容範囲内に収まりますが、冬場はそうはいきません。芝が枯れてまだらになっていたり、地面がむき出しになっていたりすると、ちょっとしたミスでもダフリやトップの大けがになってしまいます。しかし、そんなときだからこそ気づくこともあります。それが「相性のいいウエッジ選び」です。

選び方のポイントは、まずアイアンとウエッジのロフト差を考えます。プロのセッティングやウエッジの比較カタログに影響されて、売れ筋メーカーの52度と58度を安易に選んでしまっている人を多く見かけますが、最近のアイアンは飛距離性能を満たすためにロフト角がストロング化しています。主流のアイアンをチェックすると、ピッチングウエッジが44度前後なので、52度のアプローチウエッジを選ぶと、ロフト角が開きすぎてしまいます。

ウエッジを選ぶ場合は、自分のピッチングウエッジのロフト角、もしくは飛距離をしっかりと把握したうえで、サンドウエッジまで何本かに分けて、飛距離の差を埋める必要があります。ちなみに、欧米では、そのようなウエッジをロフト角のギャップを埋めるという意味で「ギャップウエッジ」と呼んでいます。

もうひとつ、ウエッジ選びのカギとなるのが球筋です。ギャップに関連づけていえば、アイアンとウエッジの打感、音、スピンのかかり具合にギャップがありすぎると距離感をつかむのがむずかしくなります。

たとえば、アイアンは飛距離を出すためにチタンやマレージング素材の鋳造ヘッドを使っているにも関わらず、ウエッジはスピンがほしいからと軟鉄鍛造のヘッドを使うことはおすすめしません。打感や音はもちろん、打ち出し角、スピン量など、すべてが変わるので、ボールをコントロールする感覚にもギャップが生まれるからです。それはまるで、飛距離を求めるショットはディスタンス系のボールを使い、アプローチになったらスピン系のボールにチェンジしているようなもの。思ったところにボールを運べないのは当然でしょう。

使うボールを統一し、自分の飛距離や弾道、スピン量をイメージどおりにコントロールしてこそ、スコアメイクができるのと同様に、クラブの素材や性質を統一し飛距離や球筋がそろってはじめて、プレーの組み立てをしっかりイメージできるのです。

操作性に富んだキレ味の鋭いウエッジ……といえば確かに聞こえはいいですが、

裏を返せばミスヒットに弱く、打点が少し変わっただけで飛距離や球筋に影響が出るということ。ドライバーやアイアンではミスヒットに強く、飛んで曲がらないクラブを求めているなら、ウエッジもそうするべきです。アイアンを購入する際は、別売りのウエッジも含めて、同一ブランドで統一することを前提に考えください。

それでも軟鉄鍛造などの単品ウエッジを組み込みたい場合は、単純にロフト角で選ぶのではなく、素材、ヘッド形状、ソール、バンス角、スコアラインの機能性によって、同じロフト角でも弾道やスピン量、飛距離がいかに変わるかをコースで確かめてから選ぶとよいでしょう。

そして、そんなときこそ行ってほしいのが冬場のゴルフ場なのです。

芝の状態が悪いからこそ、ボールの状況に対してウエッジがどのようなはたらきをするかが敏感にわかる

のです。ぜひ、冬場のゴルフ場を師匠と仰ぎ、自分に合う最強のウエッジを見つけてみましょう。

CHAPTER

3

道具をよく知ること。等身大の自分をあてはめればかならず答えを出してくれる

究極の飛ばしドライバーを見つけよう

長尺ドライバーは飛距離が伸びるだけでなくスライス病が治る可能性もある

ドライバーには究極の飛びを求めたい人が圧倒的です。それを達成するためにクラブメーカーは熾烈な開発競争をし、性能はどんどん高まっています。ヘッドの重心構造は現在、二極化しています。これまで大きいヘッド体積に合わせ、ヘッド構造も深重心のものが主流でしたが、ここ数年、浅重心のヘッドが出現してきました。

どちらがよい、悪いではありません。深重心はロフトが少なくても上がりやすく、浅重心はロフトが多めでないと上がりにくいという、正反対の特徴があることを理解し、自分にとって理想的なロフトスペックを選ぶことが大切です。

まずは、各タイプの構えたときの顔をチェックしてみましょう。フェース面のロフトがあまり見えないほうが構えやすいのか? それとも見えたほうが構えやすいのか? 自分の好みのタイプを見つけます。ロフトが少ないほうがしっくりくる人は深重心、ロフトが見えているほうが安心するという人は浅重心がいいでしょう。これは利き目によっても違い、同じロフトでも右目が利き目の人のほうがロフトは少なく見えるので、自分の利き目を意識しながら選んでください。

次に、重心構造の特徴と自分のスイングタイプが合っているかを考えます。一般的に深重心のヘッドはオートマティックに真っすぐに打つタイプに合い、浅重心のヘッドはコースレイアウトに応じて球筋を変えたり、持ち球を意識して攻めるタイプに合います。もちろん、既成概念にとらわれると理想のスペックには出会えないので、きちんと試打することをおすすめします。

これだけでも十分に飛距離アップは期待できますが、究極の飛ばしドライバーを手に入れるには、もうひとひねり必要です。それは、

ドライバーの軽量化と長尺化

です。飛距離アップには先述したボール初速、スピン量、打ち出し角度のいわゆる飛びの3要素がポイントになります。最新のドライバーは、素材や製造技術の進化により重心設計の自由度が高まったことで、スイングの特徴に関わらずスピン量を適正に抑えながら、理想的な高い打ち出し角で打てるようになりました。そこで重要となるのが、残るひとつのボール初速です。

ボール初速をアップさせるには、当然ヘッドスピードアップが余儀なくされるわけですが、その手段として有効となるのがドライバーの軽量化と長尺化なのです。

男子プロのドライバーを見ても、以前は70グラム台のシャフトが多かったのですが、最近は10グラム前後軽くなっています。シャフトを軽くすれば、その分ヘッドを重くしたり、シャフトを長くしたりできるので、ボール初速が上がるのです。

女子プロでも、以前は重めのシャフトを使い安定したスイングで曲げないように

していた選手が大勢いましたが、徐々にその傾向が変わってきています。プロアマを問わず若手の台頭が目覚ましく、それにともないコースの全長も伸び、レイアウトもタイトになってきています。その結果、以前より飛距離を出してピンをデッドに狙うマネジメントが求められるようになりました。そんななか選手のセッティングをのぞくと、飛距離対策のためにシャフトを軽量化する選手が増えているのです。

以上のことから、ドライバーの飛距離アップを求めるなら、まずは最新ヘッドのなかから自分に合った重心構造（深重心なのか、浅重心なのか）のタイプを選び、その特徴を生かしたロフトスペックを見つけること。そのうえで軽量シャフトに目を向けて、ヘッド重量とシャフトの長さをアレンジして究極のスペックを見つけるのがいいでしょう。

長尺についてもう少しお話ししましょう。

長尺はヘッドスピードを上げて飛距離を伸ばすためのもっとも簡単な方法ですが、それに加えて、スライス病が治る可能性もあります。

長尺というと多くのアマチュアは、「ミート率が悪くなって弾道が安定しないのでは？」という不安をもつようですが、じつはそれはカン違い。実際、試打テストをしてみると、アマチュアの場合は長尺を使ったほうが、弾道が安定する傾向にあります。また、カット軌道にもなりにくいのでスライスの悩みから解消されるということから、結果的にミート率が高くなって平均飛距離も伸びるというデータも出ています。

この話を聞いて「そんなはずはない」と思う人もいると思いますが、そういう人たちがイメージしているのはひと昔前の長尺。今どきの長尺は、ヘッド素材や構造、シャフトの進化により、しっかりと重いヘッドでバランスがよく、普通の長さのクラブと同じタイミングでスイングできるようになっています。食わず嫌いの人は、ぜひ今どきの長尺を試してみてください。まちがいなくイメージが大きく変わると思います。

さて、長尺を手にしてヘッドスピードが上がったら、飛びの3要素の残りのふたつ、打ち出し角とバックスピン量にも気を配ってみましょう。「でもどうやって？」という人に、数値が理想に近づいているかどうかをデータを取らずに見た目だけで

見極める方法をお教えしましょう。それは、

「打球の滞空時間」を意識する

ことです。というのも、最適な初速、打ち出し角、スピン量が得られた理想的な球筋はもっとも滞空時間が長くなるからです。さらには、滞空時間を考えてスイングすると振り方に意識が行かなくなるので、各人にもっとも合うリズムとタイミングで振れるという利点もあります。

滞空時間の目安としては、女子プロの平均的なヘッドスピードの43メートル／秒前後で飛距離は240ヤード前後ですが、その時の滞空時間は約6・5秒。これを基準にすると、200ヤードのキャリーがほしい場合は滞空時間をなんとか6秒くらいまで伸ばしたいところです。こうして滞空時間にこだわってみると、ほかにも飛距離アップにつながるポイントが見えてくるかもしれません。

シャフトメーカーの技術も向上し、30グラム台でフレックスXまで作れる時代になっています。飛ばしがアドバンテージになることはいうまでもありません。いろいろ試して、究極の飛ばしドライバーを見つけてください。

スコアを左右するアイアン選び

飛距離が出てボールが上がりやすくミスヒットに強い、がいい

プロたちによるハイレベルな戦いを見て、アイアンショットの精度がスコアメイクの要になる、と感じる人が少なくないと思います。これはツアープロにかぎったことではなく、アマチュアの場合もアイアンの調子がスコアを左右するカギになり、ハンデが少なくなるほどこの傾向が強まると思います。

ショットの精度を上げるためには、当然のことながら練習の積み重ねが必要不可

欠なのですが、昨今はクラブの進化により、技術やヘッドスピードなどに合わせて誰でもやさしく打てるアイアンが増えているので、道具の恩恵を受けるのもひとつの方法です。

ところでみなさんは、「やさしいアイアンの定義」はなんだと思いますか？

そもそもアイアンというのは、「意図したスピンコントロール」で「飛距離の誤差なく」「思ったところにボールを止めること」を目的とするクラブです。アマチュアがこれを実現するためには、

「飛距離をしっかり出せて」「ボールが自然に上がりやすく」「ミスヒットに強い」

という3つの要素を満たしていることがやさしいアイアンの必要条件だといえるでしょう。

飛距離に関しては、シャフトの性能を生かして半インチから1インチ長めの設定にし、番手ごとのロフト角を通常よりも少なく（ロフトを立てる）しているモデルがあります。飛距離アップには効果てきめんです。

自然にボールが上がるようにするためには、ソールを幅広にしたり、オフセット

を強め（グースネックの度合いを強める）にして、重心位置が深く、低くなるような構造にしているモデルがあります。この構造によってロフトの数値以上に打ち出し角度が高くなります。

さらにミスヒットに強くするために、キャビティ構造やカップフェースを採用したり、ヘッドに複合素材を用いてスイートエリアを拡大し、芯を外したときの飛距離や方向性のロスが最小限に抑えられる構造のモデルも多数あります。

クラブの恩恵を最大限に受けたいと思うなら、まずはこれら3つの条件を満たしたアイアンセットをいくつかピックアップしてください。そして、そのなかから自分にベストフィットするモデルを選ぶということになるわけですが、このときに忘れないでほしいのが特定の番手（たとえば7番）の打ち比べだけで決めないことです。なぜなら、アイアンの場合、セットによって番手ごとの形状や構造的な流れが違ってくるからです。

たとえば、フェース部分の長さやオフセットの度合い、バンスの角度や重心距離などが番手ごとに変わるモデルと変わらないモデルがあるというように。どのような構造のモデルがもっともしっくりくるのか、できれば全番手を試打しましょう。試打ができない場合は、せめて構えたときの見え方などを全番手でチェックしてみて違和感なく構えられるモデルを選ぶようにすると、自分にとってのベストフィットなアイアンセットに出会えるはずです。

以上のことに加えて、軟鉄鍛造アイアンにも注目してください。

「えっ？　軟鉄鍛造って上級者用では？」と思うかもしれません。たしかに響きのよい音とフェースに吸いつくような打球感のよさに魅了されて、「アイアンは軟鉄鍛造でなくては」という上級者はたくさんいます。

しかし、軟鉄鍛造のよさは音や感触だけではありません。私がおすすめする最大のポイントは、

ライ角やロフト角を自分に合わせて調整できる

という点です（鋳造アイアンでも一部調整可能なモデルあり）。

そもそもなぜ、ライ角やロフト角を調整する必要があるのか。まずライ角に関していえば、ライ角が合っていないと、自分ではヘッドをスクエアに下ろしてきたつ

もりでもフェース面が目標に正しく向かず、方向性が狂いやすくなります。また、ロフト角に関しては、各番手の思いどおりの距離を打つために調整が必要になってきます。

つまり、アイアン本来の「自分のイメージした方向に、思いどおりの弾道と飛距離で運ぶ」という役目をまっとうさせようと思うなら、使い手のレベルに関係なくライ角やロフト角を調整することが必要で、それができるのが鍛鉄鍛造だということです。

幸いにも昨今のクラブ製造技術の進歩で、小顔で見た目にむずかしそうな軟鉄鍛造だけでなく、複合素材でボディだけが軟鉄だったり、ヘッドが大きめのキャビティタイプやボックス構造になっていたりするものなど、やさしく打てる軟鉄鍛造の種類が増えています。

自分の体型やスイングのスタイルに合わせてチューニングすれば、今まで以上に実力を発揮できると思います。

フェアウェイウッドの正しい使い方

「払って打つ」は時代遅れ。最新フェアウェイウッドはアイアンのように打ち込め

プロツアーにおいてもアマチュアにとっても、フェアウェイウッドの重要性が高まってきています。男子ツアーでは600ヤード近くあるパー5も増えているため、フェアウェイウッドの精度がスコアを左右するといっても過言ではありません。

一方、アマチュアのコース設定は昔とあまり変わってはいません。ということは、昨今の進化したフェアウェイウッドならばパー5の2オンも楽勝？　と思いきや、

じつはそうでもないようです。逆に、アマチュアほどパー5で大たたきしてしまうケースが多いのが現実です。理由を聞くと、多くの人が「フェアウェイウッドがうまく打てないから」と答えます。

原因のひとつは、フェアウェイウッドはソール全体を滑らせて打つもの、と思っていることです。じつはこれが大きなカン違い！　たしかにパーシモン時代は広くて水平なソールを地面にベタッとつけて、それを滑らせるように打つのが主流でした。しかし、今どきのフェアウェイウッドはロフトを立てるようにバックフェース側のソールを起こして構え、インパクトでソールの接地面積がアイアンのソール幅と同じぐらいになるというヘッド構造のものがほとんど。ですから、アイアンと同じように、

ボールをヘッドの最下点でダイレクトに捉える打ち方が正解

なのです。本来、ボールはティアップをしないかぎりボール自身の重みで芝に沈んでいるので、滑らすように打とうとするとトップのミスかボールの頭を叩いてチョロになるだけです。したがって、アイアンに比べて重心が深く、フェースの厚み

もないフェアウェイウッドは、アイアン以上にリーディングエッジをボールにぶつけるイメージでいいのです。

私がこのような話をすると、「でも、プロがフェアウェイウッドを打っているのを見ると、アイアンよりもリリースが早く、払うように見える」という人がいます。それは、アイアンとフェアウェイウッドではクラブの重さと長さが違うのでそう見えるだけなのです。重くて短いショートアイアンだからタメを作り、軽くて長いフェアウェイウッドの場合は早めにリリースする、という複雑なことをショット毎に考えていたらゴルフになりません。どんなクラブを持とうが、スイングのイメージは同じにするのが鉄則です。

ですから、フェアウェイウッドだからといって特別な練習は必要ありませんが、苦手意識を払拭するためには、練習方法を少し工夫してみてはいかがでしょう。

一番いいのは、芝の上でいろいろなライや傾斜から練習することです。それがむずかしい場合は、練習場でゴムティをマットから外し、その穴にボールを置いて打ってみましょう。オートティアップでゴムティが外せない場合は、一番低い設定にしてみてください。そうすればボールはマットに対して少し沈んだ状態になります。これと並行し、ティを高くして、ボールの直径にフェアウェイウッドのシャローなフェースをピタッと合わせて打つ（ボールだけを打つ）練習も行いましょう。これで、スイング軌道の最下点でリーディングエッジをボールにぶつける感覚が養われます。

クラブセッティングについても考えてみましょう。フェアウェイウッドは大きく3つのタイプに分類できます。

1　低く浅い重心設計と大きなヘッド体積で飛距離が期待できるタイプ
2　深低重心で打ち出しが上がりやすく安定した飛びを重視したタイプ
3　重心を下げすぎずフェアウェイウッド本来の操作性や打球感を重視したコントロールタイプ

それぞれに、わかりやすい利点があるので、自分のプレーにとってなにが必要なのかを考え、数本を組み合わせてください。

セッティングはユーティリティを中心に

スコアメイクの要となるユーティリティは重さに注意して選ぶ

ここ数年のクラブの傾向として、ユーティリティのバリエーションが増えてきたことがあげられます。

ユーティリティといえば、ひと昔前まではどのモデルもロフトは2～3種類しかありませんでした。しかし今では、5番ウッドに相当する18度ぐらいから3度刻みで21、24、27、30度と、まるでアイアンのようにそろっているモデルも少なくありません。

クラブのことがわかっていて、本当にスコアを伸ばしたいと考えているゴルファーなら、このユーティリティを放っておくはずがありません。なぜなら、フェアウェイウッドに比べてシャフトが短く、ロングアイアンに比べてヘッドが大きいユーティリティは、性能的にやさしく、構えたときの安心感も大きいので、プレッシャーを感じることなく気楽に打てるからです。また、長さがアイアン並みという点では、ツマ先上がりや左足下がりなど微妙なアンジュレーションのライでのショットで、まちがいなく大きなアドバンテージになります。

実際、賢いゴルファーのなかには、ユーティリティを中心にセッティングを考える人が増えています。たとえば、ドライバーとパターを除く12本を、フェアウェイウッド1本（3W）、ユーティリティ5本（U18、U21、U24、U27、U30）、アイアン3本（7I、8I、9I）、ウエッジ3本（PW、AW、SW）でそろえるといった具合です。フェアウェイウッドは、ティショットでレイアップする場合とパー5の第2打で使うなどあくまでも飛ばし専用で考え、グリーンを狙う距離はユーティリティを中心に構成してからアイアンとウエッジで補足していくと、シンプルでやさしいセッティングができあがるのです。

ただし、ユーティリティをセッティングに入れる場合に気をつけなければならないことがひとつあります。それはクラブの重さです。クラブメーカーにも責任があるのですが、ユーティリティというとドライバーやフェアウェイウッドと同じような重量のシャフトを装着しているモデルが多くなっています。しかし、長さを考えるとユーティリティはアイアンのカテゴリーに入るクラブ。ですから、**一般ゴルファー向けのフェアウェイウッドと同じような60グラム台前後のシャフトだと、14本のセットのなかの1本として使うには軽すぎる**のです。そのため、ほかのクラブと同じテンポで振れなくなり、次第にスイング自体のタイミングが狂ってきてしまうのです。

残念ながら、この点を考慮したユーティリティは少ないのが実情です。ユーティリティを最高の武器にしたいと思うなら、リシャフトをするなどしてほかのクラブに合わせた重量やバランスをフィッティングすることをおすすめします。

ウエッジ選びのコツ

フルショット用、グリーンまわり専用、バンカー専用を分けて考える

「スコアを縮めたいと思ったら、アプローチがうまくならなきゃダメ！」と上級者はよく口にしますが、その言葉にウソはありません。実際、グリーンまわりを含めた100ヤード以内の技術が向上すれば、まちがいなくスコアは格段にアップします。

では、どうやったらうまくなるのか？　それには道具のことを考えてみる必要が

あります。というのも、アプローチショットには感覚が大きく影響するので、手にするウエッジが自分の感性やプレーの用途にピッタリ合っているかどうかが重要なポイントになるからです。そこで、各プレーヤーが求めるやさしさに合った質のよいウエッジ選びが鍵となってきます。

質のよいウエッジの条件のひとつは、打感の質が使っているアイアンセットと共通で、スイングのイメージが合致していること。つまり、ほかの番手と同じ打感を感じ取れることが大切です。打感に統一感がないと結果としてコントロールしにくくなり、自分がどんな球筋や距離感でピンにボールを近づけたいかというイメージがわかなくなってしまうのです。さらには、曖昧な感覚のままプレーをし続けていると、アイアンやドライバーのスイングにまで影響が出て、スランプに陥ってしまうという怖さも出てきます。

自分の思い描いたイメージどおりにボールをコントロールできて、インパクトから伝わってくる衝撃やミートの度合い、打ち出し角やスピン量の加減、それに加えてボールの質感や質量までもが感じられるウエッジに出会えたら、きっとワクワクするはずです。そして、その1本が見つかると全番手が違和感なく同じスイングで打てるようになり、結果として均等な間隔で番手ごとの距離の打ち分けができるようになってきます。

さて、ウエッジ選びのポイントですが、各自のプレースタイルに合わせたセッティングを心がけると、スコアメイクのための効果的なモデルに出会える可能性が高くなります。そのなかで優先的に考えなければいけないのは、

シャフトの種類と全体の重さと長さ、そしてバランス

です。たとえば、ウエッジ類をフルショットで多用するタイプの人は、使っているアイアンセットと同じシャフトにして、セットの流れに合わせて長さや重さ、バランスをそろえることが大切です。そうすればほかの番手と同じようにタイミングよく振り切るフルスイングがしやすくなります。また、アイアンセットのヘッド形状の流れから選ぶことも大切で、使っているアイアンのオフセットの度合い（グースの度合い）と、ヘッド形状、フェース面積の大きさが共通しているウエッジを選ぶこともポイントになってきます。

さらに付け加えれば、ポケットキャビティや中空などを使っている人は、ウエッジも同じ構造、同じ素材のものを使ったほうがいいでしょう。そのほうが、打球感やスピン量が一致して、球筋をしっかりとイメージできるので距離感がつかみやすくシンプルにやさしく使えます。

ここまではアイアンセットとしてのウエッジの選び方でしたが、こうしたウエッジのほかに、グリーンまわりやバンカーだけに使う専用ウエッジを入れることもおすすめします。

グリーンまわりやバンカーでウエッジを使う回数はかなり多いですから、使用頻度の低いクラブを抜いてでも、バンカー専用やグリーンまわり専用のウエッジを入れることがスコアアップに役立つはずです。

専用ウエッジのセッティングは、コントロールショットやアプローチのみに使用するものと割り切って、アイアンセットよりも重いスペックにすることがポイントです。そうすることで小さい振り幅でもフルスイングと同じテンポで、デリケートにアプローチがしやすくなります。

パター選びのコツ

フェースバランスかそうでないかが選択の大きなポイント

「プロが使うドライバーやアイアンはむずかしそうだけど、パターならプロ愛用のモデルでも使えそう……」。パターに関してはそんな思いがあるのか、人気選手が使っているモデルをまねする人を多く見ます。

しかし、プロの間で高い評価を得ているパターであっても、すべての人がそれを手にしてカップインの確率が上がるわけではありません。パターを選ぶ際は、まず自分自身のパッティングスタイルを検証して、それに合ったモデルを選ぶことが大切です。

その選び方ですが、ヘッド形状や打感にこだわる前に、「フェースバランスかそうでないか」に注目しましょう。

フェースバランスのパターというのは、パターの重心点でバランスをとったときにフェース面が水平になる（真上を向く）モデルのことで、このタイプはシャフトの延長線上に重心があり、重心構造上の特徴としては、ストロークの軌道が安定してタイミングよくなめらかなストロークがしやすいです。

ところがその反面、スイートスポットを外してミートしてしまうと、トウ側にずれた場合はフェースが開きやすく、ヒール側にずれた場合はかぶりやすくなります。「ヘッドが真っすぐ動きやすいのでやさしい」という印象をもっている人が少なくないでしょうが、使う際はこの点を頭に入れておく必要があります。

フェースバランスタイプでは、ストロークの安定度をより高めるためにバックフェース側を大きくして重心深度を深くし、慣性モーメントを大きくしたモデルも多数出ています。また、ストロークの再現性をさらに高めるためにグリップを極太にしたり、中尺や長尺にして総重量を重くし、ストロークの支点と軌道を安定させるモデルもあります。自分のパッティング技術のレベルに合わせて的確な慣性モーメントの大きさのヘッドを選び、グリップの形状やパターの長さと重さで調整することが大切です。

一方、マレット型やL字型、ブレード型のようなフェースバランスではないタイプは、シャフトの延長線上よりもトウ側に重心位置が設定されています。このタイプは、ミスヒットをした場合でも、ミートした部分がシャフトの延長線上とスイートスポットまでの間なら、フェースのブレが少ないというメリットがあります。つまり、芯を外れたとしても、ややヒール側に当たっていれば打ち出すラインがあまり狂わないのです。ミスヒットが多いアマチュアは、このタイプのほうがもしかしたらよい結果を生むかもしれません。

このように、自分に合った重心位置のパターをしっかりと見つけて、そのなかで気に入ったヘッド形状や打ち味を探すことがパター選びの基本です。これができれば、パット数はかなり少なくなるはずです。

パターについてもうひとつ。

クラブセットのなかでパターを〝別物〟と考えている人が少なくないように思います。しかし、

ドライバーからパターまで同じ流れでそろえるほうが断然ゴルフがシンプルになるのです。なぜなら、全ショット同じ要領でスイング（ストローク）できるからです。一般的な34インチ前後のパターはウエッジとほぼ同じ長さなので、総重量やバランスもウエッジと合っているほうが、スイングと同じリズムとテンポでストロークしやすいはずです。また、クラブは短くなるにしたがい総重量とバランスが重くなりますから、ウエッジよりも短いパターの場合は、度合いに応じて重くなっていることが理想です（市販されているほとんどのパターが、短くなるほど総重量とバランスが軽くなっているのは驚きです！）。

よりよいクラブセッティングのためには、ドライバーのリシャフトをより先にパターのチューニングを！　と私は考えます。

クラブを買い替えるタイミング

冬場やスランプ時はNG。クラブの買い替えは絶好調のときがベスト

毎年、冬から春にかけては新モデルが続々と登場しますが、冬場にクラブを買い替えることはあまりおすすめできません。

なぜなら、寒さでカラダが動かなくなっている状態に合わせてフィッティングをしてしまうと、自分のスイング能力以下のスペックを選んでしまう危険があるからです。

似たような意味合いで陥りやすいダメなパターンは、スランプ状態から脱出するための買い替えです。

ゴルフの上達は日進月歩というわけにはいきません。「これだ！」と開眼したつもりでも、そのショットが連続して打てるようになるにはかなりの時間を要します。そう、ゴルフは紆余曲折を経て少しずつ上達していくものなのに、壁にぶち当たる度にクラブを買い替えていたら、いつまで経っても自分のスイングは確立できないのです。

そもそも、悩んでいる状況というのは、カラダでいえば病気やけがの状態と同じです。具合の悪い状態に合わせて新調したものは、元気になればフィットしなくなる、あるいは必要なくなるはずです。

クラブ選びもそれと同じなのです。スランプ時にスイング診断をしてフィッティングをすると、その時点でのミスはクラブの性能で軽減され、落ちた飛距離も多少は戻るかもしれません。しかし、体調やスイングの調子がよくなると、逆にミスを修正してくれたクラブの影響で、今までとは違うミスが出はじめてしまうのです。

では、いつ、どのような形で買い替えればいいのでしょう。ポイントを4つあげてみましょう。

1　**調子がいいときこそ買い替えどき**　それぞれのクラブには性能の限界があります。会心のショットをしたときの飛距離は、そのクラブの能力を最大限に引き出せたときです。ということは、それが頻繁に打てているときに、ワンランク上のクラブを使うと、さらに効果が期待できます。つまり、買い替えは調子がよくガンガン振れているときがベスト。「せっかく調子がいいのに慣れないクラブにしてしまったら、調子を崩してしまうかもしれない」という心配は無用です。なんたって調子がいいわけですから、新しいクラブもすぐに使いこなせるようになるはずです。体調を考えると、カラダがよく動く春のぽかぽかシーズン、もしくは秋のコンペシーズン前がおすすめです。

2　**スペックは安易に楽なものを選ばない**　使いこなす自信がないからといって、極端に軽いものや、極端にやわらかいものにするのは最大のＮＧ。なぜなら、自分自身も楽なクラブに合わせてレベルダウンしていってしまうからです。ただし、へッドはなるべくやさしく、ミート率の高いものを選びましょう。もし、右にも左にも曲がるという人は、スイングに原因があるので、買い替えを焦らず、ミスの傾向が決まるまで様子をみましょう。

3 必ず試打をして買い替えること できることなら実際にコースで試してから決めるのがベストです。インドアで試打する場合でも、レンジボールではなく、なるべく普段自分が使っているボールで感触を確かめてください。

4 自分のミスの傾向を見極める ゴルフにはミスがつきものですが、いろいろなミスが出てミスの傾向がわからないときはスイングに原因があります。この状態のときは買い替えを控えましょう。

クラブの買い替えは、セールや新製品の発売時期に影響されることが多いですが、コストパフォーマンスやトレンドばかりを気にしていては、目指すスコアメイクは達成できません。「ほしい！」と思ってもすぐ手を出さず、本当に機は熟したのか、今一度自分のコンディションと向き合ってみることをお忘れなく。

ボールの進化に目を向ける

進化の度合はクラブ以上？ 10年前と見た目は同じでも性能は月とスッポン

ボールは毎年着実に性能が進化しています。

歴史を遡れば、17世紀以前には木製だったものが、18世紀になると中に羊毛やフェザーダウン（フェザーボール）を詰めた革製へと進化しました。さらに、19世紀にはディンプルがついたガタパチャボールが登場し、その後ハスケルボール（糸巻ボール）が開発され20世紀半ばまで大勢を占めました。その間、ワンピースボールやツーピースボールが順次開発され、1930年代からなんと50年以上もの間、アメリカンサイズのラージボールとイギリスサイズのスモールボールが共存していました。

私がボールで思い出すのは、1984年の出来事です。アマチュアとして出場した男子ツアーの「中日クラウンズ」に、招待選手としてジャック・ニクラスが来日していました。

スタート前の練習で、ニクラスはキャディのアンジェロを練習場の目標地点に立たせ、箱から取り出したばかりのニューボールを彼に向って打っていました。そのなかから芯がブレなかったものだけを選び、その日の試合に使うという光景を私は目の当たりにしたのです。たしかに当時のボールはシーム（継ぎ目）が一定でなかったり、表面が荒れているものもめずらしくなく、品質にばらつきがありました。しかし、日本ではそのようなシビアなチェックをする選手はいなかったので、度肝を抜かれたことを覚えています。

あれから約30年。今ではボールのばらつきが気になることはほとんどありません。そして、構造や素材はここ10年で大きく進化しました。

それを象徴するのは、プレミアムディスタンス系と呼ばれるボールです。高価格帯のプレミアムディスタンス系ボールといえば、少し前までは中高年層をターゲットとする商品でしたが、最近は熟練した上級者も満足できるスピン性能と飛距離性能が融合したボールになっています。

なかでも注目は、アイアンやアプローチのコントロール性能を改良するためにウレタンカバーを採用した多層構造ボールです。

実際にラウンドで使ってみると、そのよさが如実に感じられます。ドライバーをはじめとするショットの打感は、とてもソフトでフェースによく食いつきます。打ち出し角度とスピン量も理想的で、飛距離性能にも非常に優れています。ショートゲームではスピン系ボールのように繊細なスピンコントロールが要求されすぎないぶん、ライの影響やミスヒットによる距離や弾道のばらつきがなく、安定したプレーが望めます。

海外メジャーなどの超高速グリーンならスピン系のボールは必須といえますが、

アマチュアが普段プレーするグリーンであれば、**プレミアムディスタンス系ボールのほうが断然シンプルでやさしくプレーできる**はずです。

ボールは見た目がほぼ同じで、打ってみても大きな違いがわかりにくいものです。だからといって、ブランド名や流行で選んでいる人も多いでしょうが、それでは自分が目指すスコアメイクが遠回りになる場合もあります。しっかりとボールの特徴を理解し、自分のゴルフスタイルや使っているクラブに合うものを探してください。手間ひまはそれなりにかかりますが、もしベストマッチのボールを選ぶことができたら、それだけでスコアアップが期待できるはずです。

これからは、クラブだけでなくボールの進化にも目を向けてみましょう。

リシャフトの良し悪し

リシャフトを考える前にまずは純正シャフトを試すべし！

「どのクラブが一番飛ぶの？」。ゴルファーの最大の関心事ですね。でも、その答えを見つけるのは簡単ではありません。なぜなら、いくら飛ぶと評判のドライバーでも、それが使い手のスイングにマッチしていなければ性能を十分に発揮させることはできないからです。

自分のスイングに合わすという点でいえば、「リシャフト」についても大きなカン違いをしている人を目にします。高価なカスタムシャフトにかえれば確実に飛距離が伸びると思っている人が多いようですが、必ずしもそうとはかぎりません。

そもそもリシャフトというのは、

自分のパワーがボールに100%伝わっていないときに行う

ものです。よって、うまく成功すれば自分のスイングのタイミングがより合わせやすくなってボールを叩けるようになるので、飛距離が伸びるだけでなくコントロール性もよくなります。

とはいえ、飛距離は伸びたとしても10ヤード前後しか変わらないのが実情。力を生み出すエンジンのはたらきをするのはあくまでも自分のカラダですから、トランスミッションとしての役割だけのシャフトをかえたからといって、ターボチャージャーをつけたようにパワーが増幅されるわけではないのです。

それと同時に、リシャフトの成否を決めるのはスイングタイプとシャフトとの相性だけでは無理で、ヘッドとシャフトとの相性が相まって初めて成果が出るということも頭に入れておいてください。つまり、使うヘッドが決まらなければ、自分の力を最大限に生かしてくれるシャフトは見つからないということです。

そんななかで注目を集めているのが、純正シャフト（クラブに最初から装着されているオリジナルのシャフト）です。

純正シャフトの注目度はまだあまり高くないようですが、今どきの純正は非常に高性能です。たしかに十数年前までは、安価な量産品が装着されたモデルも多くありました。しかし、シャフトへの関心が高まってきた昨今は、ヘッドと同じくらいシャフト開発に余念がなく、何万回というテストが行われたうえで絞り込まれたオンリーワンが純正シャフトとして装着されています。つまり、そのヘッドにもっとも合ったシャフトが既製品として装着されているわけです。

ということは、既製スペックのなかに自分に合った重さや長さ、フレックスがあるなら、まずは純正シャフトを試してみるべきです。それで納得がいかないようであれば、ヘッドに鉛を貼ってバランスを変えたり、可変式を利用して重量や重心位置を調整してください。このようなちょっとした工夫で自分にベストマッチなクラブにチューニングできるはず。リシャフトを考えるのはそのあとで十分です。

大きな効果が期待できるグリップ交換

毎回同じように握れない人はバックラインがあるグリップを試してみよう

ゴルフには約600年の歴史があります。初期のゴルフクラブは木の枝を切り、先端を折り曲げただけの正真正銘の〝ウッドクラブ〟でした。今でいうグリップの概念がなく、握る部分がかなり太かったため、手のひら全体で握っていました。イメージ的にはテニスの両手打ちのような、究極のパームグリップです。加工をしていない無垢なウッドクラブを素手で握ると、インパクトでゆるみやすいことが想像できます。おそらく、その衝撃やトルクに耐えるために手のひら全体でしっかりとつかんでいたのでしょう。

19世紀に初めて羊革のレザーグリップが登場しました。後に牛革製も作られましたが、いずれもウッドクラブの握る部分にベルトのような革を螺旋状に巻きつけただけのものでした。

現在使われているラバー製のグリップの原形が出現したのは、20世紀に入ってから。ラバーグリップは加工がしやすく、使い勝手や耐久性もよいということで、レザーグリップに代わって多くのゴルファーに支持されるようになりました。これを機に、プレーに有利となるグリップ開発が進み、毎回同じように握れるよう指を型どったものや、ひっかかりやくびれをつけて手がゆるまないようにしたものなどが出回るようになりました。

しかし、グリップがプレーに与える影響が大きくなることを懸念し、グリップ形状に規制をかけるルールが制定されました。「グリップはしっかりと握る目的のみで取りつけられた材質で、シャフトの一部であるということ。形状はおおむね真っすぐで単純な形状でなくてはならない。平らな部分を持つことはできるが、溝やくぼみを持つことはできず、指を型取った部分があってはならない」という内容でした。この段階では、まだグリップの横断面が完全に円形でなければならないと決められていなかったので、楕円形や多角形型のグリップもＯＫだったのですが、20世紀半ば以降に「パターを除いては、横断面が円形でなければならない」と改定されました。

このようにルールが変更されるということは**グリップはスイング技術やコースマネジメントに匹敵するぐらい重要なもの**である証です。つまり、毎回正しくグリップすることがむずかしいということであり、裏を返せば、グリップ技術を磨けば上達することができる、ということなのです。レッスン書の多くがまず正しいグリップを紹介しているのはそのためです。

最近はヘッドとシャフトを取り外しできる可変式クラブが増えたため、「バックラインなし」の完全円形型グリップ（まさにルールの模範のような）が多くなってきています。これは、どんな角度でも違和感なく握ることができるというメリットがある反面、グリップする技術が未熟なゴルファーにとっては、毎回握り方が違っていても気づきにくい、というデメリットもあります。

この点、横断面の内径部分に突起を作ることで、シャフトを装着したときにバックラインができるグリップ（ルール適合）は、毎回同じように握るための補助的役割をはたしています。握り方に自信がない人は試してみる価値があるでしょう。また、グリップの重量を極端に軽くしたもの、グリップエンド部分に重量を寄せたもの、グリップエンドをほかの部分よりも硬くしたものなど、さまざまなアイデアグリップが発売されているので、合わせてチェックしてください。ただし、手の大きさや指の長さに合っていないと、せっかくの機能がスイングに反映されないので、自分に合わせて選ぶことをお忘れなく。

グリップがしっかりとフィットしていないということは、車のタイヤのボルトがゆるんでいるようなものです。いくらエンジン性能がよくても、運転手のハンドリングが素晴らしくても、うまく走れるわけがありません。スイングも然り。スコアアップに大きく関わるグリップを、改めて見直してみましょう。

グローブをはめる意味を知ろう

状態の悪いグローブよりいっそ〝素手〟のほうがスイングに好影響

みなさんのほとんどは、グローブをはめてプレーすると思います。ゴルフの必需品と思われているグローブですが、はたして確実に役に立っているかについて私はいつも疑問を感じています。というのも、グローブをはめることで、かえってスイングを悪くしている人を多く見かけるからです。

グローブでもっとも大事なのは、手にフィットしているかどうか。理想のスクエアグリップができても、完璧なスイングをしても、手元がずれてしまったらすべてが台無しになります。そして、もしグローブのせいでそうなっているとしたら？じつにもったいない話です。

グローブは、手のひら側も甲側も両方とも自分の手にピタッとフィットするものがベストです。プロの多くが薄手でフィット感に優れた天然皮革のグローブを選ぶのはそのため。トップ選手に至っては革の種類を選定し、手形を取って作るオーダーメイドがほとんどです。

ただし、天然皮革は濡れると滑りやすいという欠点があります。プロはこの欠点を補うために、雨や汗ばむシーズンはラウンド中に数枚のグローブを使いつぶします。契約メーカーから潤沢に支給されるプロだからこそできるわけですが、アマチュアのみなさんにはむずかしいでしょう。

でも、だからといってグローブをキャディバッグに入れっぱなしにし、パリパリになった革をスタート前に水で濡らしてやわらかくして使う、なんてことは言語道断です。たとえ天然皮革の高級グローブだとしても、そんな状態でナイスショットが望めるはずありません。こんな状態なら、天然皮革より多少フィット感は損なわれても、合成皮革のほうが数段ましです。洗濯もできるし、型崩れするまで何回も使えるので経済的でもあります。

私がおすすめしたいのは「グローブなし」。

素手で握ると、手の筋肉をしっかり使って理想的な角度でクラブが握れるので、素直なスイングを覚えられるはずです。プロがショートゲームでグローブを外すことからもわかるように、手先の感覚がスイングに伝わり、タッチを出しやすくなるという利点もあります。また、握った感触でグリップの劣化を察知できるようになるので、グリップのせいでインパクトが滑ってしまったというミスもなくなるはずです。

とくに最近のグリップは、握り心地もやわらかく、毎日何百球も打つ人でなければ、素手で使っても手の皮がめくれる心配もありません（もし皮がめくれたら握り方やスイングに問題がある合図なので再確認してみましょう）。財布にも、スイングにも好影響をもたらす「グローブなし」。ぜひ一度、お試しください。

あきらめない！　60歳からのクラブ選び

歳をとったからといって安易にシニア向けの軽量クラブにするのは逆効果

クラブ選びの重要なポイントのひとつに、自分の年齢や体力にどうやって合わすか、ということがあります。

たとえば、年齢を経てシニアになると、飛距離は落ち、ボールも上がりづらくなります。筋肉や関節が固くなり、前傾姿勢を維持しにくくなったり、体重移動やカラダの捻転がしにくくなるからです。こうした傾向は私だけでなく、多くのシニアゴルファーが身をもって実感していることではないでしょうか。

でも、落胆することはありません。そんな年齢だからこそ、クラブの選び方や使い方を見直すチャンスであり、これから先のゴルフ人生をもっと明るいものに変えられる転機だととらえてください。

自分では歯を食いしばって必死にクラブを振っているのに、それを動画で見たら「なんとも気の抜けたゆっくりすぎるスイング」と思ったことがある人は、早速クラブセッティングを見直すことをおすすめします。

クラブはある程度重さがあるもの、あるいは長尺シャフトがおすすめです。シニア向けと称するクラブは軽量なものが大多数ですし、「軽いほうが早く振れるのでは？」と思う人も多いでしょう。しかし実際は、

重いクラブでゆったり大きくスイングしたほうが飛距離も出るし、ボールも上がるようになる

のです。カラダがシャープに動く若いうちは、重いクラブを速いテンポで振ることができます。しかし、齢をとって速く振れなくなったからといって、軽すぎたり

やわらかすぎるクラブを使うのは逆効果。たとえるなら、ギアを極端に軽くした自転車で下り坂をこぎ、ペダルに足がついていかない状態です。

むしろ、シャフトを長く、フレックスを硬めに、ヘッドを重めにすることで、トップでのカラダの捻転が深くなり、竹ぼうきを振ったときのようにカラダ全体を大きく躍動的に使うことができるようになります。

女子プロを参考にしてみてください。身長150センチ前後の選手が、一般男性とかわらないクラブを使っているわけですから、彼女たちにとっては重くて、長いクラブとなります。しかし、それを大きくゆっくり振ることで、逆に一般男性を上回る飛距離を生み出しています。「力＝ヘッドスピードではない」ことは明らかなのです。

また、ドライバーにかぎらず、シャフトを長くするとミート率が落ちると考えている人がいるかもしれませんが、必ずしもそうではありません。たとえば、9番ウッドと4番アイアンを比較した場合、シャフトが短い4番アイアンのほうがシャフトが長い9番ウッドよりもやさしいと感じる人はまずいないでしょう。このことからも、シャフトの長さとミート率は関係ないことがわかります。

アイアンも然りです。もし、今使っているアイアンが低重心で大きいヘッドなら、やはり見直す必要があります。なぜなら、最近のアイアンは飛ばしを求めるゴルファー向けに、ロフト角を立てた設計になっているからです。たとえば5番アイアンでは従来30度前後だったロフト角が、今は25度前後。それにもかかわらず、長さが変わっていないということは、ロフト角に対してシャフトが短くなっているということです。これを考えると、速く振れなくなった人が番手なりの飛距離と弾道を得ようとするなら、市販のアイアンよりも少しシャフトを長くすると効果があるといえるのです。

全体のセッティングについては、アイアンとユーティリティの分岐点は無理せずにボールが上がる30度前後を、そしてユーティリティとフェアウェイウッドの分岐点は24度前後を目安にするとよいでしょう。

自分の年齢や体力に合ったバランスのよいセッティングを見つければ、今より快適に楽しくゴルフができることはまちがいありません。

あとがき

現代のスポーツは科学と切っても切れない関係になり、その進歩は目覚ましいものがあります。もちろん、ゴルフにも科学のさまざまな分野の貢献が見られるようになりました。緻密で繊細な科学的分析やデータは、総合的にしっかりと理解して活用することで、レッスンやコーチング、道具の開発などのレベルアップに大きく寄与していることはまちがいありません。

とはいえ、コンピュータを用いて分析したもの、数値化されたものがゴルフのすべてではありませんし、個々のデータが独立して効果を発揮するわけでもありません。人間の動きやパフォーマンスを科学的に検証する場合には、同時に考えなければならない要素が複合的に、かつ多岐にわたって関連してくるものです。ゴルフの場合、その対象は少なくとも5つあると私は思っています。

それは「スイングの動き」「人間の感覚的な要素」「プレーに関する心理的な側面」「人間の身体的特徴」、そしてゴルフクラブやボールなどの「道具」です。

本来なら、これら5つの要素がともに関わり合いながら相乗効果をもたらすことが理想です。ところが最近は、各要素が別の方向性をもって独立しているかのように扱われているケースが多いように思います。さらには、ゴルフは生身の人間が行うスポーツであるにもかかわらず、机上の計算で科学的に結果を出そうとするあまりヒューマンテストを微調整してしまう、という本末転倒の状況になっていることさえあるほどです。クラブ選びを考えてみても、自分に本当に合うものを正しく選択するなら、データだけではなく感性や心理、身体的な要因などをすべて考慮する必要がありますが、データ偏重によってほかの要素がないがしろにされ、結果的に失敗ということが日常的に起こっているのです。

情報があふれる現代社会では、一般ゴルファーが接する情報にまで専門的なデータが取り留めもなく氾濫しています。その情報を断片的に鵜呑みにしてしまったゴルファーは、よく考えてみれば人間のカラダとして非効率なことや物理的に不可能なことでも信じて行う傾向にあります。これは、悩みから抜け出せないままのゴルフライフが続いてしまう理由のひとつだと思います。

スイングに関していえば、解析が高度になったことで「テークバック」「トップの切り返し」「インパクトポジション」などと断片的に表現されることが多くなりました。クラブにおいては14本のセットでプレーするのがゴルフなのに、「最強のドライバー」「スピンマジックのウエッジ」「魔法のパター」など、あたかも別々の競技で使われるかのごとくセパレートされた表現になってしまっています。

しかしこれらは、例えればそれぞれが荒野に転がっている石のようなもの。それらを別々にかき集めて積み重ねたとしても、しっかりとした使い勝手の良い家は建てられないでしょう。情報を集めた数だけ使用方法が別々にあるような状況では、それぞれが散乱してしまいます。これでは、ゴルファーが行く先を見失ってしまう可能性が出てくるのです。

科学的な進歩により、「教える力」や「育てる力」、そして「開発する技術」が磨きに磨かれて、「教わる側」のかゆいところまで楽に手が届くようになってきているのは事実です。しかし、そのなかで教わる側、つまりはゴルファーの能力が鈍化しはじめてしまっているような気がします。メディアから流れてくる情報は科学的な根拠がある有意義なものも増えましたが、それを総合的にしっかりと理解し、自分なりに噛み砕いて体得していくという「教わる力」が備わっていなければ、混乱して悩む元になるだけなのです。

こんな状況下にいる現代のゴルファーのために、少しでもわかりやすく、そして順序よく情報が整理でき、「教わる力」が身につくような役割を担いたいという思いで本書を書きました。自分にとって正しい有効な情報を選択して体得できる「教わり上手なゴルファー」を増やすことができれば、と願っているわけです。

世の中のゴルフの情報を理解し、自分にとってどのようにどれだけ取り入れていったらよいか判断できる。そんな「教わる力」が身につくヒントを、ひとりでも多くのゴルファーに感じてもらえれば幸いです。そして、一度読み通したあと、もう一度読みたいことや気になったことがあったとき、再度読み開いていただける本になればうれしいかぎりです。

2016年2月　金谷多一郎

著　者

金谷多一郎（かなたに・たいちろう）

プロゴルファー。8歳のころからゴルフに親しみ、トップジュニア選手として活躍。日本大学ゴルフ部では主将を務め、日本学生、日本学生文部大臣杯など多数のタイトルを獲得。84年プロ入り、優勝1回。卓越したスイング理論で“レッスンのカリスマ”と呼ばれる。ギア分析にも定評があり、ご意見番としてメディアなどに登場。トーナメント解説、講演会など幅広く活躍中。1960年1月2日東京都生まれ。

＊本書は『財界九州』『夕刊フジ』に掲載された原稿をまとめ、加筆、修正をし、新たに編集したものです。

じっぴコンパクト新書　285

頭のいいゴルファーの習慣

2016年2月15日　初版第1刷発行

著　者……………………金谷多一郎
発行者……………………増田義和
発行所……………………実業之日本社
〒104-8233　東京都中央区京橋3-7-5 京橋スクエア
電話（編集）03-3535-5412
（販売）03-3535-4441
http://www.j-n.co.jp/
印刷所……………………大日本印刷株式会社
製本所……………………株式会社ブックアート

ISBN978-4-408-33008-2（ワッグル）